［復刻版］

初等科理科

文 部 省

ハート出版

［復刻版］ 初等科理科

目 次

初等科理科一（第四学年）

初等科理科二（第五学年）

目　次

初等科理科三（第六学年）

凡　例

一、本書は文部省著『初等科理科』一〜三（昭和十七〜十八年発行）
　　を底本としました。

二、旧字を新字に、旧仮名遣いを新仮名遣いに改めました。

三、漢字片仮名交じり文を漢字平仮名交じり文に改めました。

四、当時の外来語は、今日一般的に使用されている表記に改めました。

五、明らかな誤字脱字は訂正しました。

六、巻末に、佐波優子氏による「解説」を追加しました。

〔編集部より〕

当社で復刊を希望される書籍がございましたら、本書新刊
に挟み込まれているハガキ等で編集部まで情報をお寄せく
ださい。今後の出版企画として検討させていただきます。

初等科理科　一

1 イモの植えつけ

畠にジャガイモやサツマイモをつくりましょう。

ジャガイモもサツマイモも、去年できたイモを植えておくと、芽が出て来ます。

〇芽はどこから出るか、しらべてみなさい。

〇細い根がついているかどうか、よくしらべましょう。

[1] ジャガイモ植え

ジャガイモがよく育つように、畠をたがやしましょう。

みぞをほり、コヤシを入れてイモを植えましょう。

〇みぞとみぞとの間は、80cm ぐらい、みぞの深さは
  15cm ぐらいにすること。

○イモは 40cm ぐらい間をあけて、みぞの中におき、土
　をかけること。

大きなイモは、切って植えてもよいのです。この
切り口に灰をつけておくと、くさるのがふせげます。
○二つに切るとして、どう切ったらよいか、考えてごら
　んなさい。

植えたあとでは、よく育つようにせわをしましょ
う。
○芽がたくさん出たら、間引くこと。
○ときどき、コヤシをやったり土をよせたりすること。

[2] いろいろなイモ

ナガイモもダリアもイモでふやすことができます。
○芽はどこにあるか、しらべてごらんなさい。

サトイモやクワイについても、芽のあるところを
しらべましょう。
　これらのイモを少しずつ植えておいて、芽ののび

ていくようすを見ることにしましょう。

今までしらべて来たイモには、養分がたくさんつまっていて、その養分で芽が育ちます。

○ナガイモの首だけを切って植えておいて、どんな芽を出すか見ることにしましょう。

[3] サツマイモの苗植え

サツマイモは、ふつう、苗床で苗を育ててから、

畠に植えます。

　サツマイモの苗がほど
よくのびたら、植えるこ
とにしましょう。

　○少しコヤシを入れて、植
　　えるところをつくりなさ
　　い。

　○どれくらいずつ間をあけ
　　て植えたらよいでしょうか。

　よく根がつくように、せわをしましょう。

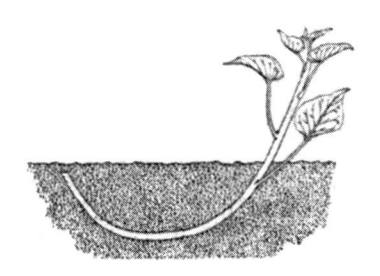

2　兎のせわ

兎の重さはどれくらい
あるでしょうか。
　○どうしてはかればよいで
　　しょうか。

これから元気で育つように、よくせわをしましょう。

兎の箱をきれいにしましょう。
○底をよくそうじしましょう。
○出したゴミはどうしたらよいでしょうか。

まわりもきれいにしましょう。

　犬や猫がはいりそうなすきまがないか、しらべましょう。

　きれいになったら、兎にやる草をとりに行きましょう。

○どこへ行けばあるでしょうか。

　とって来た草の中に、兎のきらいなのがまじっていないかどうか、よくしらべましょう。

　野原にはどくになる草がいろいろあるから気をつけましょう。

これから一年の間、とうばんをきめて、かわるがわる兎のせわをすることにしましょう。気のついたことは日記につけておきましょう。

月　　日（　　曜）とうばん		
	せわしたこと	気づいたこと
朝		
昼		
帰り		

　兎は腹をくだすことがあります。そのときには、ゲンノショウコやセンブリをたべさせると、たいていなおります。

　人にも薬になる草がたくさんあります。ほって来て、かだんに植えておきましょう。

3　チョウと青虫

［1］畠のチョウ

このごろは畠にいろいろな花が咲いていて、チョウもたくさん飛んでいます。みんなで見に行きましょう。

○何の花が咲いていますか。

○どんなチョウが飛んでいますか。

○チョウは花にとまって、何をしているでしょうか。

チョウがとまった花や葉をしらべてみましょう。

○花の中はどんなになっているか、よく見なさい。

○葉にチョウの卵がついているのが見つかったら、持って帰りましょう。

持って帰った葉は、しおれないようにしておきましょう。

○卵がどうなるか、毎日気をつけて見ましょう。

卵がかえったら、せわをして飼いましょう。

[2] 青虫とり

青虫をとりに行きましょう。

青虫はなかなか見つけにくいものです。葉の間や地面を、気をつけて見なさい。

○虫のフンが落ちていないか、葉が虫にたべられていないか、さがしましょう。

青虫が見つかったら、持って帰って、飼いましょう。
○ときどき新しい葉をやりましょう。

このごろ、畠にはアシナガバチがよく来ます。このハチは青虫をつかまえて、肉だんごにして巣へ運びます。

スズメも青虫をくわえて、巣へ運びます。

［3］青虫からチョウまで

飼っておいた青虫はどうなりましたか。

○青虫はみんなサナギになりましたか。

○サナギはみんなチョウになりましたか。

○死んだ青虫で、何か気のついたことはありませんか。

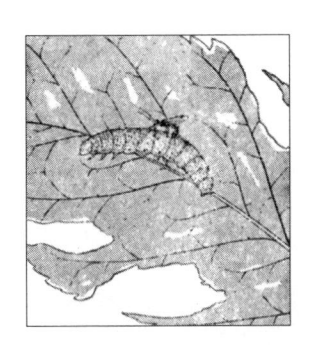 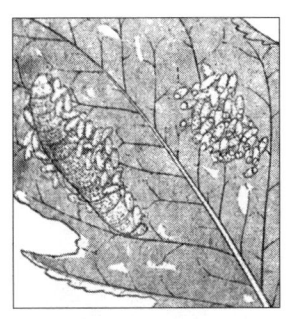

サナギから出たチョウは、写生しておきましょう。

4 モミまき

米はいちばん大切なたべ物です。
モミをまいて稲を育てましょう。

[1] 種モミひたし

種モミは水にひたしておくと、苗代にまいてから、早く芽を出します。

○モミを水にひたしたとき、浮いたのは取りのけなくて
　はなりません。それはどういうわけでしょうか。
○ひたした水は、いく日もほおっておくと、くさって来
　ますから、ときどきかえましょう。

［２］苗代つくり

　苗代の土を浅くほりおこしておき、モミをまく少し前にコヤシを入れ、水をかけて、地ごしらえをしましょう。

　○土を深くほると、根が下へのびすぎて、植えかえるときに、苗がとりにくいのです。

　ナワをたんざく形に張って、モミをまく場所をつくっておきましょう。

［３］種まき

　きれいにすんだ苗代に、種モミをまきましょう。

○種モミはたんざく形の中へムラのないようにまきます。

スズメが苗代にまいたモミをたべに来ることがあります。

○スズメが来るのをふせぐには、どうしたらよいでしょうか。

苗代に草が生えたり、虫が出て来たりしたらとりましょう。

まいたモミの分量、モミをひたした日数、まいた日、芽の出はじめた日、そのほか、気のついたことを書きとめておきましょう。

5　田の土　畠の土

水のすんでいる苗代の土をしらべてみましょう。

○畠の土とどうちがいますか。

○表面の土を少し指先に取って、こすってみなさい。

○下の方の土とくらべてみなさい。

どんなことがわかりましたか。

　実験　田の土や畠の土を別々の試験管に入れ、水をついでよくふってから、静かに立てておく。

　水がすんだら、試験管の底に土のたまったようすを見なさい。

　苗代の表面の土と下の方の土とがちがうわけがわかりましたか。

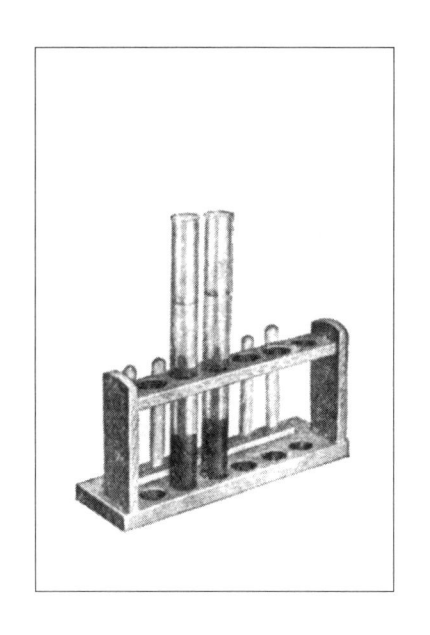

田の土、畠の土は、砂とねんどがまじったものです。

———————————

　タンポポの根を田の土、畠の土や砂などにさして、芽を出させてみましょう。

　○田の土、畠の土、砂、ねんどを別々の植木鉢に入れま
　　しょう。

　○鉢の底にあるあなは何のためでしょうか。

　○このまま土を入れてもよいでしょうか。

　タンポポの根を短く切って、植木鉢の土にさしなさい。

　○ジョウロで植木鉢にたくさん水をやりなさい。

　○水が吸いこまれるようすを見なさい。

○どの鉢がよく水を吸いこみますか。

○吸いこみ方のちがうわけを考えなさい。

毎日水をやって、芽の出るようすを見ましょう。

6 　田や畠の虫

［１］苗代の虫

　草や木がしげって、虫がたくさん出て来るころになりました。苗代にも害になる虫がいるかもしれません。とりに行きましょう。

　田へはいって、苗をさっとなでてみましょう。

○ガが飛び出しましたか。

○飛び出したガはどこへ行くか、よく見なさい。

　葉の先の方をよくしらべましょう。

○卵が見つかりましたか。

　この卵はガがうみつけたもので、やがてズイムシ

という小さな虫になります。ズイムシは稲のズイをたべて、稲を枯らします。それで、ガも卵も今のうちにとらなくてはなりません。みんなでたくさんとりましょう。

　〇ガはどうしてとればよいでしょう。

　苗代のそばのあかりのところをのぞいてみましょう。

　〇どんな虫が落ちていますか。

　スズメは苗代のガをとりに来ます。スズメはモミをたべて害をしますが、ガをとるから、ためにもなります。

　卵のついている葉を持って帰って、ズイムシが出るかどうか、見ることにしましょう。

　これからも気をつけていて、ガや卵をとりましょう。

一月二月 三月四月	五月 （苗代）	六月—— （田植）——
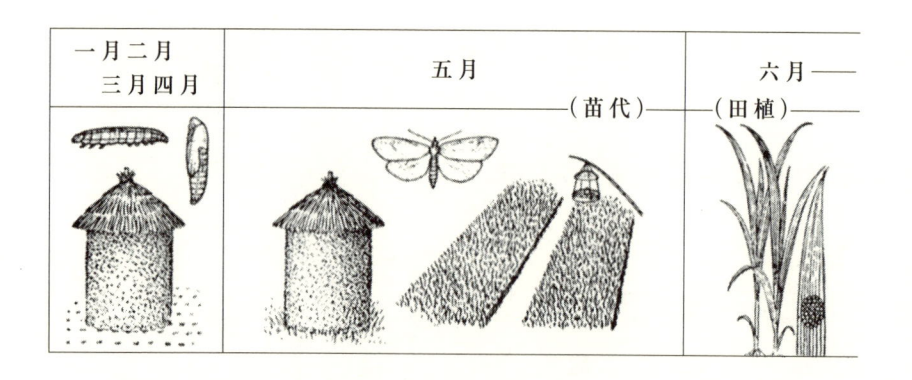		

[2] 畠の虫

今度は麦畠へ行ってみましょう。

○あちらこちらにアリが歩いているでしょうから、その
　ようすをよく見ましょう。

麦の穂をしらべてごらんなさい。

○虫のついている穂はありませんか。

——七月	八月	九月——十月（とり入れ）	十一月十二月

○どんな虫が来ていますか。

○虫はどんなことをしていますか。

　アブラムシは麦から汁を吸って育ちます。

　アリはアブラムシのからだから出るあまい汁を吸います。吸った汁は巣へ帰ってから、はき出して、うちのもののたべ物にもします。

　アブラムシはよく動くことができませんが、アリがくわえて、ほかの穂にうつしてやることもあります。

　テントウムシは親虫も子虫もアブラムシをたべます。

　もようのいろいろちがったテントウムシや、その

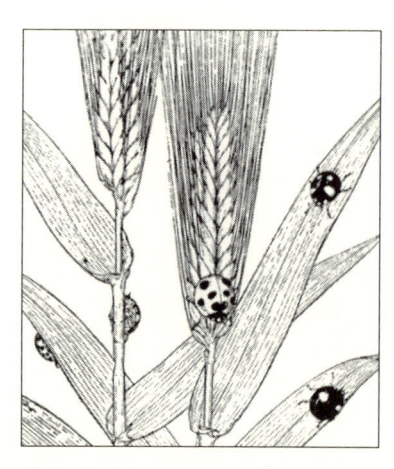

子虫やサナギや卵を見つけて持って帰りましょう。

　ジャガイモ畠へ行ってみましょう。
　ジャガイモの葉にテントウムシダマシがいないか
どうか、さがしてみましょう。
　○テントウムシとテントウムシダマシとが見わけられま
　　すか。

　テントウムシダマシはイモの葉をたべて、いためるから、とりましょう。子虫やサナギや卵を見つけて、持って帰りましょう。

　このごろはカマキリやトンボが出はじめます。

　○どんなことをしているか、よく見ましょう。

　トンボは飛びながら虫をとります。

ツバメも飛びながら虫をとるから、気をつけて見ましょう。

　カマキリやトンボやツバメは、害をする虫をたべるから、とらないことにしましょう。

　畠でとって来たいろいろな虫を虫かごに飼っておいて、毎日ようすを見ましょう。

7　小川の貝

小川へ行って、いろいろな貝をとりましょう。
どんな道具を持って行ったらよいでしょうか。

貝はどんなところにいるでしょう。
○川の底をさがしてみなさい。
○水草の間をさがしてみなさい。
○棒ぐいのまわりをさがしてみなさい。

貝が見つかったら、そのようすをよく見ましょう。
あたりのようすもよく見ておきなさい。
　○貝が何をしているか、じっと見ましょう。
　○そっとさわってみなさい。

○歩いたあとを気をつけて見なさい。

○貝は砂地にいましたか。泥地にいましたか。または、石の多いところにいましたか。

○どんな水草のどんなところにいましたか。

○貝のほかに、どんな虫や魚がいましたか。

貝をとって、バケツに入れましょう。

○バケツの中の貝をよく見なさい。

○どんな形の貝がとれましたか。

○どんな動き方をしますか。

とった貝は持って帰って飼いましょう。

○どうしたらながく飼っておけるでしょうか。

○貝のほかに、どんなものをいっしょに持って帰ったらよいでしょうか。

○貝は水から出して持って行ってもなかなか死にません。な

ぜでしょうか。

　私たちは、いろいろ
な貝をたべています。
　○どんな貝をよくたべ
　　ますか。

　シジミやカラスガイはカナダライに入れて、水を
浅くしておいて、貝が水をふき出すようすを見ま
しょう。

　川でとった貝について、次のような表をつくって
おきましょう。

貝のいた場所	貝の名	気づいたこと

8 田植

[1] 麦のとり入れ

　いちめんに黄色になった麦畑へ行って、麦のようすを見ましょう。

　よくみのったかどうか、しらべましょう。麦つぶを取ってごらんなさい。

　○麦がみのっていることは、穂がもとまで黄色になっていることでわかります。そのときには、麦つぶがかたくなっています。

　○まだ、みのらない麦があるかどうか、しらべなさい。

大麦と小麦を見わけることができますか。

このごろはよく雨が降ります。なが雨にあうと、

麦は地面に倒れてくさったり、芽を出したりしてしまいます。それで、みのったら急いでとり入れなくてはなりません。

　麦を刈りとってムシロの上にひろげ、棒でたたきましょう。

　○麦のつぶの皮がはなれましたか。

　○つぶだけをよりわけるには、どうしたらよいでしょうか。

［２］代かき

　田植の前には、田をほりおこしてコヤシを入れ、水をかけて、土をよくかきまわしておかなくてはなりません。

○それはどういうわけでしょうか。

○田に水を入れるために、どんなくふうがされていますか。

みんなで代かきをしましょう。

○どんなふうにしたらよいでしょうか。

○農家ではどんなふうにしますか。

［3］ 田植

代かきをした田に苗を植えましょう。

まず、苗代の苗を取りましょう。

○根の張りぐあいに気をつけること。

○苗をいためないように抜き取り、水の中で振って土を
落すこと。

○苗を一つかみずつワラでしばること。

次に、代かきをした田に、苗をきそく正しく植え
ましょう。

きそく正しく植えておくと、ムラなく日があたり、
風通しもよく、草取りや虫取りなどの手入れにもべ
んりです。

○きそく正しく植えるには、どうすればよいでしょうか。

田の半分には、苗を
三本ずつかためて植え、
残りの半分には、一本
ずつ植えて、茎の数の
ふえるようすをしらべ
ることにしましょう。

根がついたら、とき
どき草取りや虫取りを
しましょう。

水も切れないように
しましょう。

9 森の中

　このごろは草も木もますます茂って来ました。森へ行って見ましょう。

　森の中と外とは、どんなところがちがいますか。

　○そのちがっているわけを考えてごらんなさい。

　森の中のおもな木をしらべてみましょう。

　○どんな木が生えていますか。

　○どんなようすをしていますか。

　木の幹にキノコやコケや、そのほかの草が生えていないか、しらべましょう。

森の中の草をしらべましょう。

○よく茂っているのは、どんな草ですか。

○どんな花が咲いていますか。

どんな虫がいるか、さがしましょう。

○虫にたべられた葉があったら、どんな虫がたべたのか、
　見つけましょう。

○虫のフンが落ちていたら、あたりをさがしてごらんなさい。

○虫は、とろうとすると、コロリと落ちることがあります。
　こんな虫はどうしてとればよいでしょうか。

落葉のたまっているところをしらべましょう。

○落葉をかき起してみると、下の方はどうなっていますか。下の方にはどんなものが見つかりますか。

○落葉は、しまいにはどんなになるでしょうか。

カビやキノコやコケはどんなところに生えていますか。

落葉のたまっているところの黒土をほって帰って、何かまいてみることにしましょう。

帰りみちで、赤土もほって帰りましょう。

帰ってから、黒土と赤土とを別々の植木鉢に入れて、両方にダイコンの種をまいて、育ちぐあいをくらべてみましょう。

10　クモ

クモが網を張っているのをさがしましょう。

○網はどんな形をしていますか。

○網に何かかかっているか、気をつけて見ましょう。

○網に何かかけて、クモがどんなことをするか、よく見
　ていましょう。

○クモはどんな物をたべるか、わかりましたか。

クモが糸を出すところを見ましょう。

○あの糸はどこから出るのでしょう。

クモの糸を手にとってみましょう。

○ねばり気がありますか。

○のびちぢみしますか。

クモの中には、土の中に巣をつくっているものもあります。

サゝやススキなどの葉がおりまげられて、袋になっているのがあったら、開いてみましょう。

　○中には何がありますか。

これを虫かごに入れておくと、やがてたくさんの子がうまれます。一つか二つだけ持って帰りましょう。

　落葉や枯草の間をさがすと、コオロギの子が飛び
出すことがあります。やがて大きくなって、よい声
で鳴くから、持って帰って、土を少し入れた鉢に飼っ
ておきましょう。

11 イモほり

[1] ジャガイモほり

畠のジャガイモの葉が黄色になったら、イモをほりに行きましょう。

○花の散ったあとはどうなりましたか。

○葉のいたんだのはありませんか。それはどうしたのでしょうか。

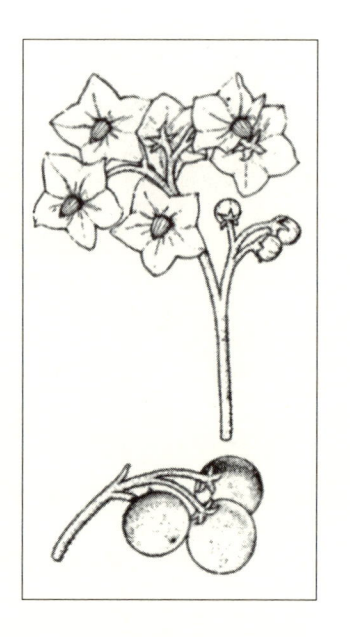

茎についたままイモをほってみましょう。

○種イモと新しいイモとが見わけられますか。

○新しいイモはどんなところにできましたか。

○イモはいくつついていますか。

イモには葉の中でできた養分がたまっています。

イモをみんなほりましょう。

○どんなカブにイモがたくさんついているか、気をつけ
　ましょう。

○虫にいためられたり、病気にかかったりしたイモはあ
　りませんか。

イモは少し日にかわかしてから、日かげに入れて
おきましょう。

　茎や葉はつみごえにしましょう。

［2］ サツマイモのツル

　サツマイモの畠へ行ってみましょう。根のない苗
を植えたサツマイモは、どんなになりましたか。

　サツマイモのツルを、アサガオ・ヘチマ・カボチャ・
ツタなどのツルとくらべてごらんなさい。

○ツルのようすはどうちがいますか。

サツマイモの葉のつき方をしらべてごらんなさい。
　○アサガオ・カボチャなどの葉のつき方も見ましょう。

どんなことがわかりましたか。

葉は日がよくあたると、たくさんの養分をつくることができます。その養分で、強い枝が出て茂ったり、よい芽が出てふえたりします。

サツマイモのツルを持ちあげてみましょう。
　○ツルの下に見える白いものは何でしょう。
　○どんなところについていますか。

［3］ ダイコンの種まき

　ジャガイモをほったあとにダイコンの種をまきましょう。

　かわいた土に種をまいて、そのままにしておくと、芽がよく出て来ません。土がいつもしめっているようにするには、地面の下にある水がしみあがって来るようにすればよいのです。

　実験　砂、畠の土、田の土、ねんどなどをそれぞれ長いガラスの管に入れ、砂や土がこぼれないように、布ぎれで下の方を包み、水の中に立てて水のあがるようすを見る。

　この実験でどんなことがわかりますか。

ダイコンの種をまくには、まず、畠を深く耕して、ていねいに土くれをくだき、石や木ぎれを出します。

○土くれや石・木ぎれなどがあると、ダイコンがまっすぐにのびられません。

ダイコンの種をまくところをつくりましょう。

○60cmぐらい間をおいて、10cmぐらいの深さにみぞをほること。

○みぞの中にコヤシを入れ、土がかわいていたら水をたくさんかけ、その上に土をかけて平にすること。

ダイコンの種をまきましょう。

○ムラのないように、うすくまきなさい。

芽が出たら、ときどき間引いたり、コヤシをやったり、草や虫をとったり、土をよせたりしましょう。

12　でんわ遊び

［1］でんわ遊び

オモチャのでんわきをつくって、でんわ遊びをしましょう。

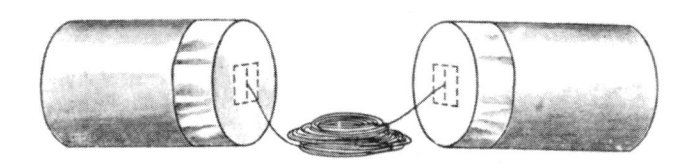

（1）まわりが15cm、長さが10cm ぐらいのつつを、あつ紙か竹でつくる。

（2）紙に糸を通してつけ、それでつつの底をはる。

　○紙は、くちびるにあてて、ウーウーと声を出しながら息を吹きつけたとき、よくふるえて音をたてるのをえらぶこと。

○糸の長さは5mぐらいにすること。糸がもつれないように あつかうこと。

○紙のまん中に小さなあなをあけて糸を通し、糸が抜けないようにとめること。

○紙にしわができないようにはること。

ノリがかわいたら、二人ずつ組になって、でんわ遊びをしましょう。

○大きな声で話したり、小さな声で話したりする。

○口をつつにくっつけたり、つつからはなしたりして、話してみる。

○糸を張ったり、たるませたりして、話してみる。

○糸を指でつまんでいて、話してみる。

○つつを耳にあてたまま、糸をツメでこすってみる。

○糸をなるべく長くしてみる。

これらの遊びで、どんなことがわかりましたか。

このでんわきで話がよくきこえるわけを考えてごらんなさい。

一人が話して、何人もいっしょに聞くしかけを考

えてごらんなさい。

　話しながら聞くことのできるようなくふうをしましょう。

[2] 研究

　音は、糸のほかに、どんなものを伝わるでしょうか。いろいろしらべてみましょう。

○木やかねは音を伝えるでしょうか。

○地面は音を伝えるでしょうか。

○水は音を伝えるでしょうか。

13　稲田

稲の穂が出そろったころ、花の咲くようすをしらべましょう。

○稲の穂に花のついているようすをよく見ましょう。

○花は、毎日何時ごろから開きはじめますか。

○開いたのち、花はどうなりますか。

○花がとじてしまうのは、何時ごろですか。

○一つの田の花が咲きはじめてから咲き終るまで、何日ぐらいかかりますか。

稲の花が咲くころに、雨が降ったり、強い風が吹いたりすると、よくみのりません。

カラの中のようすをしらべましょう。

○実になるところがわかりますか。

穂が白くなったのや、葉・茎が黄色になったのはないか、しらべましょう。

　○白い穂のカラの中はどうなっていますか。

○黄色になった茎の中をしらべましょう。

　茎の中にいるズイムシは、八月ごろ、卵からかえったものです。ズイムシがたくさん出ると、稲がよくみのりませんから、さがしてとりましょう。

　稲にはイナゴ・ヨコバイなどの虫がたかって害をすることがあります。これらの虫もさがしてとりましょう。

　スズメが来るのもふせぎましょう。

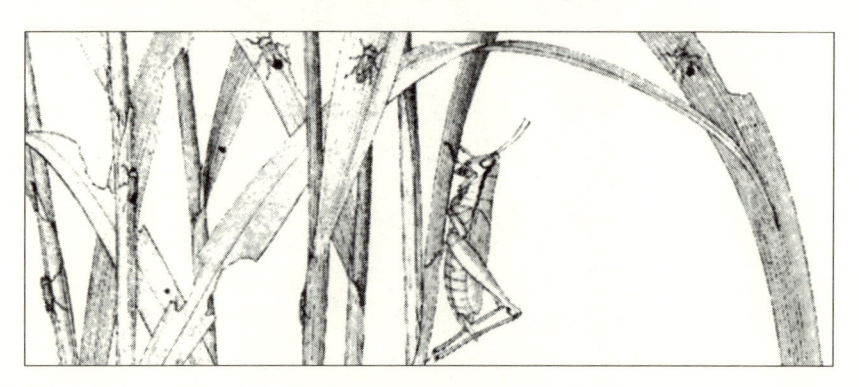

14　紙だま鉄砲

　紙だま鉄砲のつつにたまをこめて棒で押し、もう一つたまをこめて棒で押すと、たまが勢よく飛び出します。

　紙だま鉄砲をつくってみましょう。

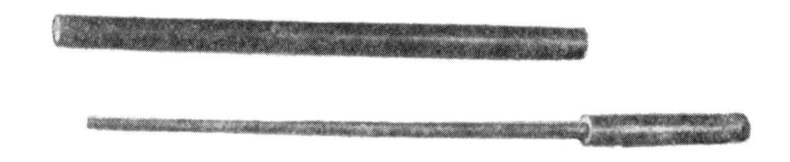

○紙だま鉄砲をつくるには、どんなものがいりますか。
○棒をえにしっかりはめるには、どうすればよいでしょうか。

○棒の長さはどれくらいがよいでしょう。長すぎるとどうですか。短かすぎるとどうですか。

鉄砲ができたら、たまをこめてうってみましょう。

○どうするとたまがうまく飛ぶか、いろいろためしてみましょう。

○どんなものをたまにしますか。

○的をきめて、あててみなさい。

○鉄砲の先を水の中に入れて、うってみなさい。

○二つのたまを続けてうてるようにくふうしてごらんなさい。

この鉄砲でたまが飛び出すのは、どういうわけでしょうか。

私たちは、空気に包まれているのに、ふつうは気がつきません。それはなぜでしょうか。

○空気のあることはどうしてわかりますか。

実験１　ジョウゴの細い口を指でふさいで、さかさまに水の中に入れて、水がジョウゴの中にはいるか、はいらないかを見る。

次に、ジョウゴの口をふさいだ指をゆるめて、どんなことがおこるか、気をつけて見る。

この実験でどんなことがわかりますか。

実験２　下の図の（イ）（ロ）は、（イ）に小さな口のあるガラス管で、その外側には目盛りがしてある。（ハ）（ニ）は、（イ）（ロ）にちょうどはまるガラス管で、（ハ）も（ニ）もとじてある。

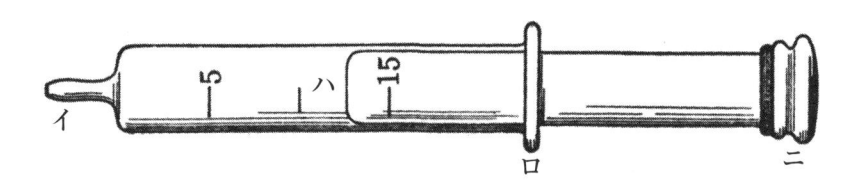

（イ）を指でふさいでおいて、（ニ）を押してみる。ふさいだ指をゆるめてみる。（イ）を指でふさいでおいて、（ニ）を押したのち、押した手をはなしてみる。

　この実験でどんなことがわかりますか。

○紙だま鉄砲でたまをぬらしてこめないと、よく飛ばないわけを考えなさい。

○自転車や自動車のタイヤの中に、空気をつめこんだチューブが入れてあるのは、どういうわけですか。

○紙ふうせんがよくつけるのは、どういうわけですか。

○ゴムマリがよくはずむのは、どういうわけですか。

　しなびたゴムマリをあたためると、どうなりますか。しばらくほうっておくと、どうなりますか。

○上のことからどんなことがわかりますか。

15　鳴く虫

　秋になると、いろいろな虫がよい声で鳴きます。世界でわが国ほど鳴く虫の多いところは、ほかにありません。

　〇このごろ鳴いている虫はどんな虫ですか。どんな鳴き方をしますか。一日のうちで、いつごろよく鳴きますか。

　前にとって来て飼ってあるコオロギはよく鳴いていますか。

　〇明かるいところに置いたのと、暗いところに置いたのとでは、どちらがよく鳴きますか。

コオロギが鳴いているときに、そのようすをそっと見なさい。

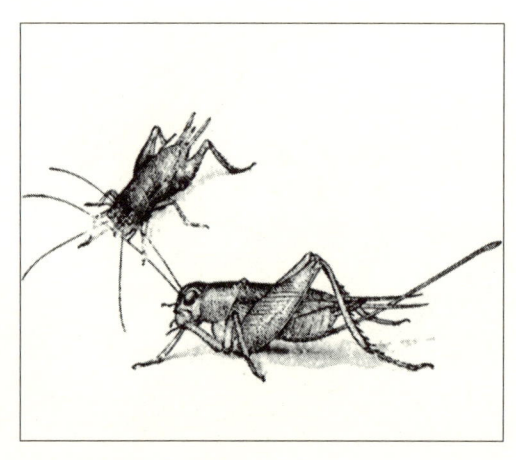

○どんなことに気づきますか。

○鳴くコオロギと鳴かないコオロギとは、どうして見わけられますか。

鳴くのがオスで、鳴かないのがメスです。

コオロギにエサをやってみましょう。

○どんなエサをよくたべますか。

○たべるときのようすを見なさい。

　庭や畠で鳴いているコオロギをさがしに行きましょう。

　〇どんなところで鳴いていますか。

　〇どんなようすをしていますか。

　コオロギは、こののちいつごろまで鳴いているか、気をつけていましょう。

―――――――――――――

　秋の終りには、コオロギはみんな死んでしまいますが、それでも次の年になると、また子が出て来ます。その間はどうしているのでしょう。

　〇鉢に飼ってあるコオロギが死んでしまったころ、鉢の土をそっとほってごらんなさい。白い小さな細長い卵がたくさん出て来るでしょう。

　この卵は次の夏の初めにかえって、子虫が出て来ます。私たちが前にとって来たのは、ちょうどこのじぶんの虫でした。

コオロギの一生をしらべましょう。

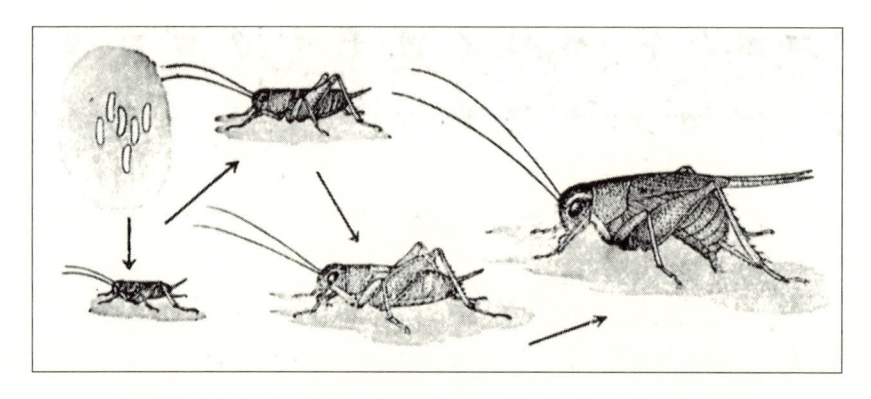

コオロギの一生をまとめてみましょう。

○子虫の出たとき。

○鳴きはじめたとき。

○鳴かなくなったとき。

○死んだとき。

チョウとコオロギの一生をくらべてごらんなさい。

16　イモほりと種まき

[１]　サツマイモほり

土のかわいた日をえらんで、畠のサツマイモをほりましょう。

まず、ツルをかたづけましょう。

○ツルを切って、畠の外へ引き出しなさい。

○ツルの途中から出た根に気をつけて見なさい。

○長いのは何メートルぐらいありますか。一本のツルから枝が何本ぐらい出ていますか。

○ツルは兎のエサにしましょう。

カブについたまま、いためないようにして、イモをほりましょう。

○イモはどんなところにできていますか。

○イモのついているようすは、ジャガイモとどうちがいますか。

○一つのツルに、イモがいくつくらいできましたか。

イモは少し日にかわかしてから、日かげに入れて

おきましょう。

［2］ナタネの種まき

今、ナタネの種をまいておくと、来年の春、きれいな花が咲いて、夏には種がとれます。

畠をよく耕して、ナタネの種をまく地ごしらえをしましょう。

○60cm ぐらい間をおいて、10cm ぐらいの深さにみぞをほること。

○みぞの中にコヤシを入れ、土とよくまぜあわせ、その上に土をかけて平にすること。

ナタネの種をまきましょう。

○ナタネの種は、ダイコンの種とどうちがいますか。

○まき方は、ダイコンのときと同じようにしましょう。

実験 皿の中に、よく水をふくませた布ぎれを敷き、その上にしんぶん紙を置いて、しんぶん紙がいつもしめっているようにする。その上にナタネの種をまき、紙をかぶせておく。芽が出はじめたら、か

ぶせた紙を取って、一方だけから光がはいるように
した箱をかぶせておき、芽ののびるようすを見る。
皿をまわして、光のあたる向きをいろいろかえてみ
る。

この実験でどんなことがわかりますか。

［3］ ナタネの間引き

ナタネが芽を出したら、かたまって生えている苗
と、一本だけ離れて生えている苗とをくらべてごら
んなさい。

○どちらが丈夫そうに見えますか。

○かたまって生えている苗を丈夫にするには、どうした

らよいでしょうか。

　しっかりした苗を残して、苗がよく葉をひろげることのできるように間引きましょう。
　間引く苗をいためないようにほり取って、根のようすをしらべましょう。
　○土つぶのついているようすを見なさい。
　○土をそっと落してごらんなさい。白い毛のような根があるでしょう。

　ほかの草や木にも、毛のような根があって、これで土の中のコヤシを吸います。
　草花の植えてある植木鉢から、草花をそっと出して、根のようすを見ましょう。
　○どんなことがわかりましたか。

　ナタネが大きくなったら、ときどき間引いたり、草を取ったりしましょう。おいごえや土よせもしましょう。

17　とり入れ

　稲が色づいて穂がたれはじめたころ、みのりのようすをしらべましょう。

　まず、一株の穂の数をしらべて見ましょう。

○一本ずつ植えた株から、穂がいくつ出ましたか。みんなでしらべて、右のような図に書いてごらんなさい。

○三本ずつかためて植えた株についてもしらべなさい。

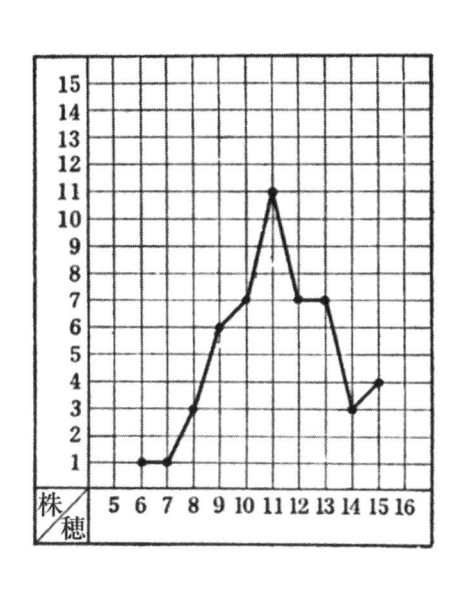

これらの図から、どんなことがわかりますか。

モミの数をしらべてみましょう。

○一つぶの種モミから、いくつぶのモミができたことに

　なりますか。

　穂がもとまで黄色になったころ、稲を根もとから

刈りとって、小さくたばね、稲かけにかけてかわか

しましょう。

　一週間か十日ぐらいたって、稲がかわいたら、稲

かけからおろして、稲こきをしましょう。

一月	二月	三月	四月	五月	六月
稲の一年				たねまき	田植
麦の一年				（花）	とり入れ

○稲をこくには、どんな道具がいりますか。

稲こきがすんだら、モミとゴミとをわけましょう。
○どんな道具がいりますか。

モミをムシロの上で干しましょう。
かわいたら、モミガラをはぎましょう。
○カラをツメではいでみましょう。
○カラをはぐには、どんな道具を使いますか。

七月	八月	九月	十月	十一月	十二月
		（花）	とり入れ		
			たねまき		

ゲンマイがどれだけとれたか、はかってごらんなさい。

　ゲンマイをしらべましょう。
　○芽はどこにありますか。
　○ほかのところは、芽を育てる養分になるのです。

　とれたゲンマイは、まず、神様に供えましょう。

18　デンプンとり

　ジャガイモやサツマイモの中のようすを見ましょう。

　○まず、イモをきれいに洗いなさい。

　○サツマイモをほうちょうで横に切ったり、縦に切ったりして、中のようすを見なさい。

　○うすく切り取って、日にすかして見なさい。

　○ジャガイモも同じようにして、くらべてごらんなさい。

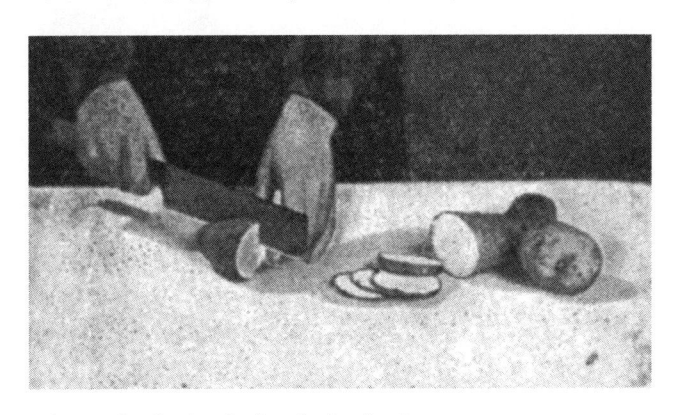

　どんなことがわかりましたか。

　イモを切ったほうちょうを、かわかしてごらんなさい。白い粉が見えるでしょう。この白い粉はデンプンというもので、ジャガイモ・サツマイモの中には、たくさんふくまれています。

実験1　ほうちょうについている粉を紙にとって、それに、うすめたヨードチンキをつける。

　ジャガイモやサツマイモをうすく切った切り口に、うすめたヨードチンキをぬってみる。

　この実験でどんなことがわかりますか。

　クズ湯をつくる粉は、たいていこのデンプンです。

　ジャガイモからデンプンをたくさんとってみましょう。

　まず、ジャガイモ

をワサビおろしでおろしましょう。

　おろしたのをふきんに包んで、鉢に入れた水の中でよくしぼりましょう。

　○しぼりカスに、まだ、デンプンが残っているかどうか、
　　しらべてごらんなさい。

　○しぼりカスは兎にやることにしましょう。

しぼり汁を、しばらく、ほうっておきましょう。

同じようにして、サツマイモのしぼり汁をつくり
なさい。

下にどんなものがたまりましたか。

○指でおしてごらんなさい。

実験2　下にたまったものを二本の試験管にとる。
一方には水をつぎ、ほかの方にはあつい湯をつぐ。

この実験でどんなことがわかりますか。

実験3　上の二本の試験管に、うすめたヨードチ
ンキを加える。

この実験でどんなことがわかりますか。

デンプンはヨードチンキでアイ色に変るから、デ
ンプンをほかのものとくべつすることができます。

ジャガイモからとったデンプンでクズ湯をつくり
ましょう。

○砂糖かシオを入れて湯をつぎましょう。

○湯がぬるいときは、どうなりますか。そのときは、どうしたらよいでしょうか。

サツマイモからとったデンプンは、かわかして粉にしましょう。

クズ・カラスウリの根からもデンプンがとれます。

サトイモ・ナガイモ・ユリなどにもデンプンがふくまれているかどうか、しらべてみましょう。

米・麦・トウモロコシについてもしらべてみましょう。

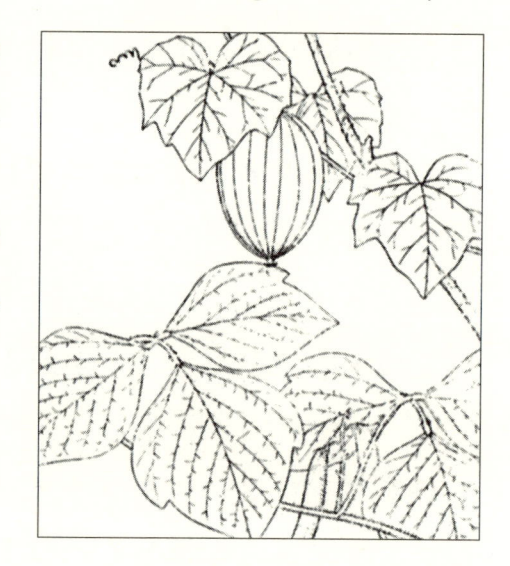

19　うがい水

　かぜをひいてのどが痛いときには、シオ水かホウサン水でときどきうがいをしましょう。丈夫なときでも、朝起きたとき、夜寝るとき、外から帰ったときなどには、うがいをしましょう。

［1］シオ水

シオ水をつくりましょう。

○どんなものを用意したらよいでしょうか。

コップとビンとをきれいに洗いましょう。

○水で洗うのと、湯で洗うのと、どちらがきれいになりますか。

○あつい湯を入れると、ガラスが割れることがあるから、気をつけましょう。

コップに水を入れて、シオをとかしてみましょう。
○シオを少しずつ入れて、とかしながら、あとからあとから加えて行ってごらんなさい。それで、どんなことがわかりますか。
○シオをいちどにたくさん入れてもよいでしょうか。
○はやくとかすには、どうしたらよいでしょうか。
○シオをとけるだけとかして、どれだけの分量のシオがとけるかを知るには、どうしたらよいでしょうか。

コップに水を一デシリットルだけ入れて、シオをとけるだけとかしましょう。
○およそ何グラムのシオがとけましたか。

うがいに使うシオ水は、シオをとけるだけとかしたものよりも、ずっとうすくてよいのです。

とけるだけとかしたシオ水を十倍の水でうすめましょう。

　○用意したビンにおよそ一ぱい分だけ、うすめたシオ水

　　をつくりなさい。それには、こいシオ水がどれくらい

　　いりますか。

このシオ水でうがいをしましょう。

○どんな味がしますか。

○もっと水でうすめると、味はどうなりますか。

［2］ホウサン水

ホウサンの形や色やツヤをよく見ましょう。

○少しばかりなめてごらんなさい。どんな味がしますか。

ホウサン水をつくりましょう。

○コップに水を入れて、ホウサンを少し落して、ようす
　を見なさい。コップを振ったり、はしでかきまわした
　りしてみましょう。それで、どんなことがわかりますか。

○ホウサンは湯によくとけるでしょうか。ためしてごら
　んなさい。

試験管にあつい湯を入れて、ホウサンをとけるだ
けとかしましょう。

○このホウサン水をさましてみましょう。どんなことが
　起りましたか。

うがいに使うホウサン水は、ふつうの温度の水に、
とけるだけとかしたものでよいのです。

ホウサン水をつくって、うがいをしましょう。

シオ水やホウサン水がこぼれて、かわいたところ
に白いものが残っていることに気づきませんでした
か。それは何でしょうか。

　実験　皿にこいシオ水を入れて、火にかけ、水分がなくなるまで熱する。

皿にたまったものは何でしょうか。

○虫メガネでのぞいてごらんなさい。

○なめてごらんなさい。

これで、どんなことがわかりますか。

　ホウサン水も、このようにしてためしてみましょう。

20 渡り鳥

このごろ、どんな鳥がよく目につきますか。

○田や畑や森にいる鳥に気をつけて見ましょう。

○春や夏にはいたのに、このごろ見かけない鳥はありませんか。

○春や夏にはいなかったのに、このごろになって見かける鳥はありませんか。

○春からずっといる鳥はどんな鳥ですか。

一年の間には、いろいろな鳥が来たり、また、いなくなったりします。鳥の中には、秋や冬になると、山から里に移るものや、遠い北の方から飛んで来るものや、南の方に飛んで行くものがあります。

ツバメは、秋になると、たくさん集って、南の方へ飛んで行きます。広い海を飛び越えて、遠い外国にまでも行くのです。そうして、春になると、また、はるばると遠くから帰って来ます。

○ツバメはいつごろから見かけましたか。見かけなくなったのはいつごろですか。

○ツバメは、なぜ南の方に飛んで行くのでしょうか。

ガンやカモは、春や夏のころは北の方の遠い国にいて、そこで卵をうんで子を育てます。そうして、秋になると、たくさん集って、こちらに飛んで来ます。春になると、また、北の国に帰ります。

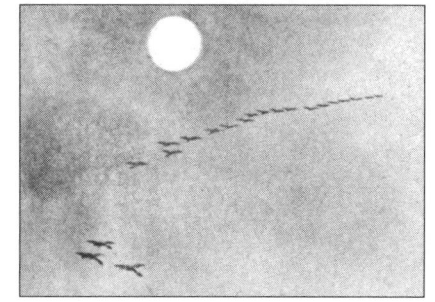

　○ガンやカモは、なぜ北の方から飛んで来るのでしょうか。

　○ガンはどんなになって飛んでいますか。

　○一日のうちで、いつごろいちばん多く飛んでいますか。

ウグイスは、冬には山にエサがなくなるから、里
へおりて来ますが、暖くなると、また、山へ帰ります。

ツバメとガンの飛んで行くみち

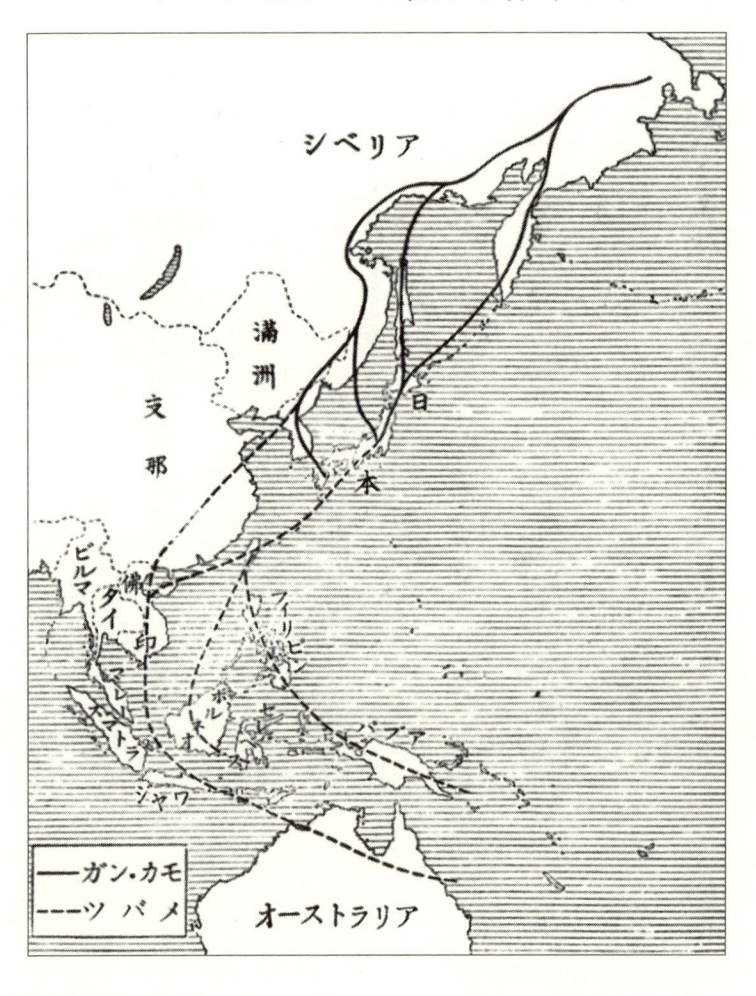

21　おきあがりこぼし

　おきあがりこぼしは、ほうり出されても、むっくと起きます。それはどうしてでしょう。

　おきあがりこぼしをつくってみましょう。

　（1）ねんどでダルマの形をつくり、どうの太いところを糸で切って、（イ）と（ロ）とを離す。

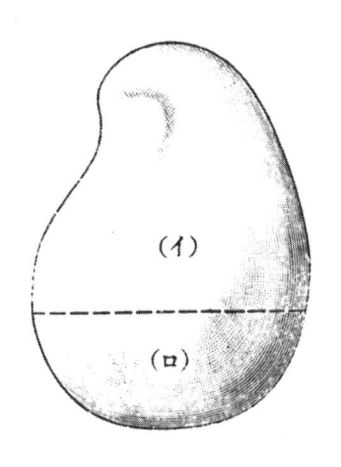

（2）しんぶん紙をちぎって水にひたし、（イ）・（ロ）の表面に土が見えなくなるまではる。（イ）も（ロ）も、切り口にはしんぶん紙をはらない。

（3）その上に、しんぶん紙にノリをつけて、五回ぐらいはり重ねる。

（4）火でかわかしてから、中のねんどを抜き取る。

（5）（ロ）でつくった紙がたの内側の底に、ねんどの玉を紙ではる。

（6）二つの紙がたの口を合わせ、外側から紙をはって、つぎ合わせる。

できあがったら、ころがして遊びましょう。

○いろいろな向きにころがしてごらんなさい。

○横に倒してごらんなさい。

○さかさに立ててみましょう。

○指で押して、傾けてごらんなさい。

○起きあがるときのようすに気をつけて見ましょう。

○起きあがるわけを考えましょう。

実験　あつ紙を幅2cm、長さ15cmぐらいに切っ

て、輪をつくる。

輪の内側にねんどの玉
をあて、紙ではりつける。

　○輪をころがしてごらんな
　　さい。

　○ねんどの玉のあるところ
　　が横に来るように置いて
　　みましょう。

　○ねんどの玉のあるところが上に来るように置いてみま
　　しょう。

　○ねんどの玉の大きさをいろいろにかえてみましょう。

これでどんなことがわかりますか。

───────────────────

　底のあついコップと、うすいコップとでは、どち
らが倒れにくいでしょうか。

　コップがからのときと、水を入れたときとでは、
どちらが倒れにくいでしょうか。

　すわりをよくするようにくふうしたものを見つけ
てごらんなさい。

22 生き物の冬越し

　外に出て、草や木や虫などのようすをしらべま
しょう。

　○このごろ、木はどんなになっていますか。

　木の芽をさがして、よく見ましょう。

　○芽の皮をはいで、中のようすを見なさい。

　○皮が何枚も重なっているのは、どういうわけでしょうか。

　○春になると、この芽はどうなりますか。

　○春さきになって、芽が開くようすに気をつけていま
　　しょう。

　木の枝や幹には、いろいろな虫やサナギや卵がついていることがあります。さがしてみましょう。

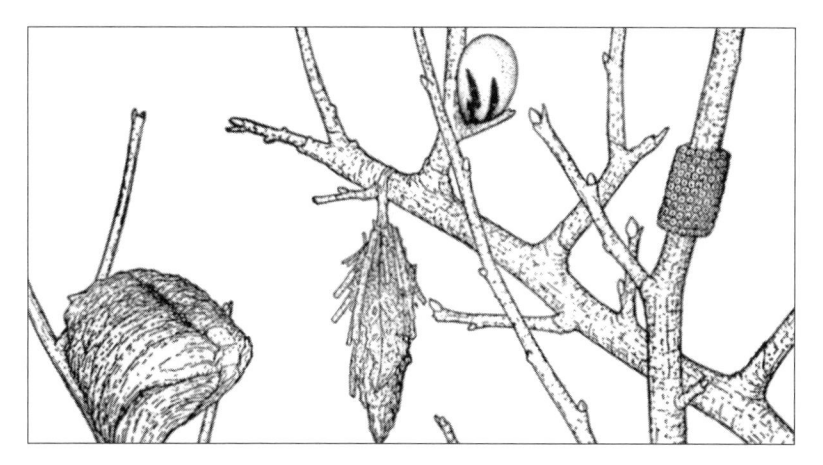

　〇木のどんなところで、どんなものが見つかりましたか。
　〇どんな木にたくさんいましたか。

　木の枝や幹のおもてにうみつけられている卵は、冬の寒さにあっても、なかなか死にません。しかし、コオロギのように、土の中にうみつけられた卵は土からほり出しておくと死んでしまいます。
　コオロギのほかにも、土の中に卵をうんでおく虫があるでしょうか。
　〇土をほってさがしましょう。
　〇どんなところをほったらよいでしょうか。

○卵のほかに、虫やそのほかの動物が見つかったら、そのようすをよく見ましょう。

畠につくってあるもののようすをしらべましょう。

○どんなものがつくってありますか。

○どれくらいの大きさになっていますか。

○しもよけをしておくと、どうして寒さが防げるのでしょう。

温床の中につくってあるもののようすを見ましょう。

○温床の中では、どうしてよく育つのでしょう。

　やさいでも草でも、小さなままで冬を越すものがあります。また、種を残して枯れてしまうもの、茎や葉は枯れてしまっても、根が生きていて、春にまた、芽を出すものがあります。

　○枯草の下をほって茎や根のようすを見ましょう。

　○虫もさがしましょう。

　学校で飼っている動物の冬越しのようすも、よく見ておきましょう。

23 コンロと湯わかし

[1] コンロの火

コンロはどんなふうにつくってあるか、よく見な
さい。

コンロでは、どんなものをもやしますか。

コンロで、炭火をじょうずにおこしてみましょう。
○炭と火だねとを、どのように置いたらよいでしょうか。
○コンロの下の口をあけておきましょう。
○うちわであおいでみましょう。
○火ふきダケで吹いてみましょう。
○火おこしえんとつを立ててみましょう。

　コンロの下の口はどんなはたらきをするでしょう
か。

　　○口をしめたり、あけたりして、火のようすを見なさい。

　　○線香に火をつけて、コンロの下の口に近づけてごらん
　　　なさい。

　火おこしえんとつはどんなはたらきをするでしょ
うか。

　　○えんとつの上の方に紙ぎれを近づけてごらんなさい。

　　○えんとつの下の方に線香の煙を近づけてごらんなさい。

　火をよくおこすには、空気がよく入れかわるよう
にしなくてはなりません。

　　○炭火をおこすときに、炭の間をすかしておくと火がよ
　　　くおこるのは、どういうわけでしょうか。

　　○うちわや火ふきダケはどんなはたらきをするでしょ
　　　うか。

　火がよくおこったら、水を入れた湯わかしをかけ
て、湯をわかしましょう。

［2］ ロウソクの火

ロウソクの火のもえるようすをしらべてみましょう。

○ロウソクの火と炭火とは、どんなところがちがいますか。

○ロウソクの火を吹いたときと、炭火を吹いたときとで、どうちがいますか。それは、どういうわけでしょうか。

実験1 ロウソクを台に立てて机の上に置き、火をつける。これにガラスのつつをかぶせる。

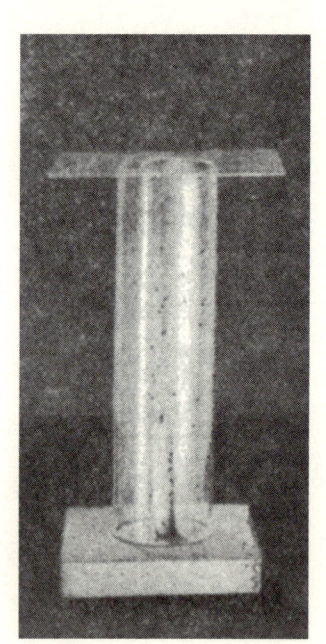

○つつの下を机につけて、火のようすを見る。

○つつを少し持ちあげて火のようすを見る。

○つつの下を机につけて、ガラス板でつつの上をふさいでみる。

この実験で、どんなことがわかりますか。

実験2　前の実験で、
ガラス板のふたをして、
ロウソクの火が消えた
とき、別のロウソクに
火をつけ、ふたをあけて、
つつの中へ入れてみる。

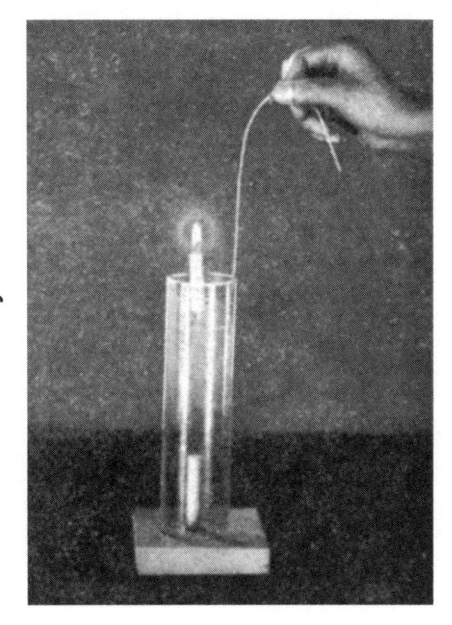

この実験で、どんな
ことがわかりますか。

火がもえると、そのまわりの空気は前とちがった
ものになって、そこでは、火がよくもえなくなります。
もえ続けさせるには、新しい空気をあとからあとか
ら送らなくてはなりません。

〇火けしツボに炭火を入れると火が消えるのは、どうし
　てでしょうか。

〇火鉢で炭火に灰をかけておくと火がながくもつのは、
　どうしてでしょうか。

[3] すいじょうき

フラスコに水を入れて、湯のわくようすを見ましょう。

水の温度はどう変って行くでしょうか。

○寒暖計をフラスコの中につるしてしらべなさい。

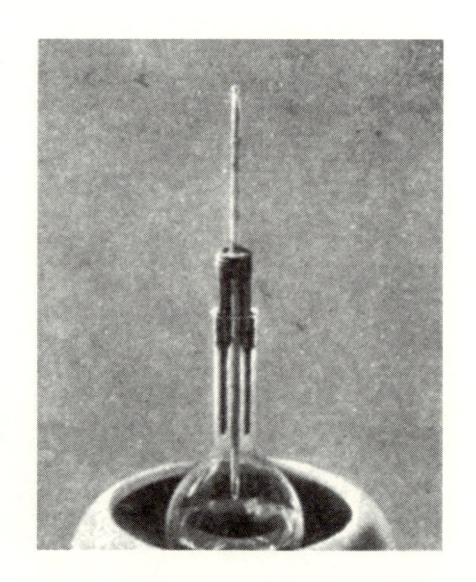

フラスコの口のところに気をつけてみましょう。

○小さな水玉がつくでしょう。

○水を入れた試験管を、フラスコの口に近づけてごらんなさい。小さな水玉がつきましたか。

この水玉は、あたためられた水が、すいじょうきという目に見えないものになって空気中に出て、それがひえて、また、水になったものです。

　フラスコを続けて火にかけておくと、どんなこと
が起りますか。

　　○湯気が出ましたか。湯気は何ですか。それはどうして

　　　できたものですか。

　　○フラスコの底からアワが出はじめましたか。

　アワは、フラスコの腹のところの水がすいじょう
きになったものです。

　　○アワは、なぜ水の中をあがるでしょうか。

　　○アワが出るときの温度は何度ですか。

24　春の天気

春が来たのは、どういうことで感じられますか。

○草や木のようすはどうですか。

○鳥や魚や虫のようすはどうですか。

○山や川のようすはどうですか。

○空のようすはどうですか。

○雨や風など、このころの天気で気のついたことはありませんか。

気温がどんなに変るか、しらべてみましょう。

○一日の中、何回か気温をはかって、右のような図に書いてみましょう。

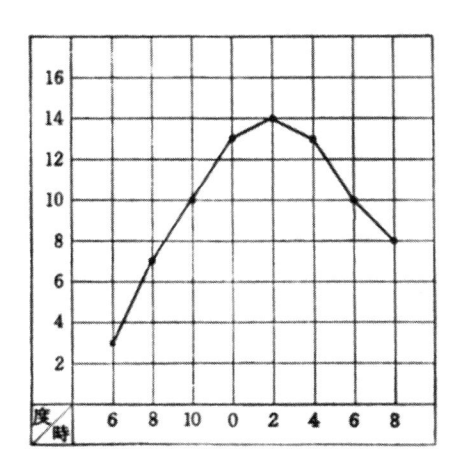

○毎日きまった時刻に気温をはかって、下のような図に
　書いてみましょう。

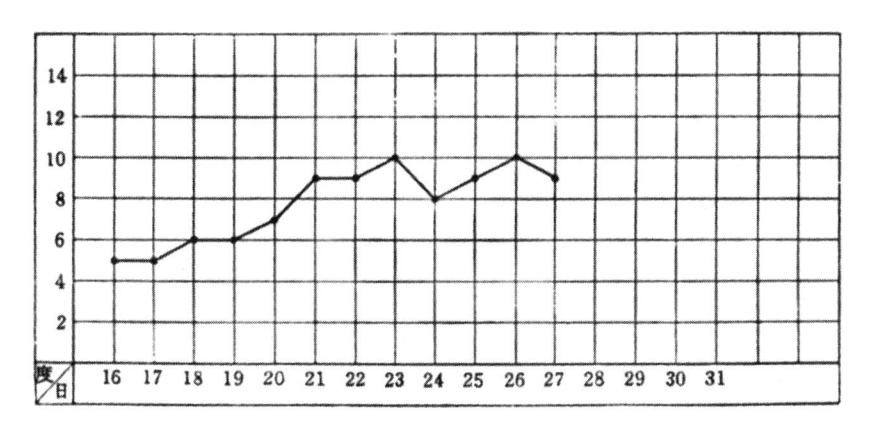

このような図から、どんなことがわかりますか。

畠の土の中の温度をはかりましょう。

実験 1　　寒暖計よりも
少し太い竹を 50cm ぐら
いの長さに切り取る。こ
の竹を、畠のほどよいと
ころにさし、竹にそって
地面に寒暖計のはいるよ
うな穴をあける。この穴
に寒暖計をさしこんで、
竹にしばっておく。寒暖
計をさしこむ深さは、
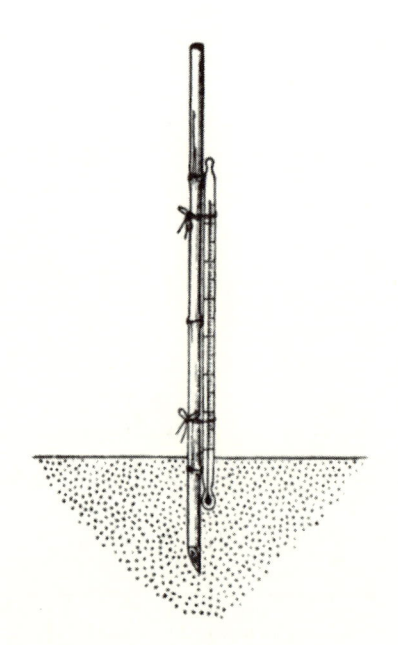
3cm から 10cm ぐらいまでの間がよい。その近くに
は、だれにも気のつくような目じるしをしておく。
一日に何回か寒暖計の目盛りを読み、そのたびに気
温もはかる。

　この実験から、どんなことがわかりますか。

　太陽がどうなると暖くなりますか。
　太陽が高くのぼると、窓からさしこむ日ざしはど
うなりますか。物の影はどうなりますか。

実験2　運動場に長さ 1m ばかりの棒を立てて、その影を地面にうつしとる。

この実験から、太陽ののぼった高さをはかる仕方を考えましょう。

朝、太陽が出てから夕方かくれるまでに、太陽はどのへんを通るか、気をつけて見ましょう。

○太陽の出る方角と、はいる方角とをしらべなさい。

○午前八時・午前十時・正午・午後二時・午後四時に太陽の見える方角と高さをしらべましょう。

三月二十一日には、太陽は真東から出て、真西へはいります。そうして、昼と夜との長さが同じです。

この日を春分の日といいます。春季皇霊祭はこの春分の日におこなわれます。

　春分の日を過ぎると、太陽の出入りする方角は、真東・真西よりもだんだん北の方へかたよって、昼の長さは夜の長さよりもだんだん長くなります。

　そうして、太陽が、真南へ来たときの高さは、だんだん高くなります。

　春分の日を中にして、前三日と後三日との七日間を春の彼岸といいます。

初等科理科　二

1　鶏のせわ

今年は鶏のせわをしよう。

○鶏をおどろかさないように気をつけよう。

○トリ小屋や、そのまわりをきれいにしよう。

○飲み水や、あびる砂をとりかえよう。

きたなくしておくと、鶏が病気になったり、羽虫
がついたりする。

出したゴミの使い方を考えよう。

トリ小屋のまわりを見まわって、直すところはな

いか、調べよう。

　鶏の餌を作ろう。

　○どんな物をやったらよいだろう。

　○こくもつの類ばかりでよいだろうか。やさいのクズや

　　草の類ばかりでよいだろうか。

　○貝ガラをくだいて、やってみよう。

　○卵のカラもくだいてやってみよう。

実験　くだいた貝ガラと卵のカラとを調べよう。

　○手に取ってよく見たり、くだいたり、水につけたり、

　　いろいろ工夫して調べる。

　○二本の試験管に、うすめた塩酸を少しずつ入れておい

　　て、一つの方には貝ガラを入れ、もう一つの方には卵

　　のカラを入れてみる。

これで、どんなことがわかるか。

————————————————————

　これから一年の間、当番をきめて、鶏のせわをし

よう。

○餌は、時間をきめてやらないと、鶏のためによくない。

○餌のたくわえがなくならないように気をつけよう。

○卵を生んだら、日記につけておこう。

○犬や猫にとられないように気をつけよう。

このほか、どんなことに気をつけてせわをすれば
よいだろう。

［研究］

1　メンドリが巣についたら、卵をだかせて、ヒ
ナのかえるのを待とう。

2　秋になったら、ドングリのような木の実をた
くさん取って干しておき、粉にして鶏にやってみよう。

2　キュウリと草花

[1] 種まき

　種まきの季節になったら、花畠に、ヒマワリ・オジギソウ・エビスグサの種をまこう。畠にはキュウリを作ろう。

　キュウリを作るには、まず、暖いところに苗床を作り、種をまいて、苗を育てる。

　キュウリや草花の苗がよく育つように、せわをしよう。

　〇どんなことに気をつけようか。

[研究]

ヒマワリの芽が出たら、そののびるようすを調べてみよう。

○どんな部分がのびるか。

○いつごろ、はやくのびるか。

[2] 植えつけ

キュウリの苗が大きくなり、寒さの心配がなくなったら、畠に植えよう。

○植えるところには、穴をほって、コヤシをたくさん入れる。

コヤシをやらなかったら、キュウリはどんなになるだろう。

○ためしてみる方法を工夫しよう。

よく育つように注意して植え、よくせわをしよう。

植えた後で、垣を作ってやろう。

○ところどころに、ワラをつけて、ツルが巻きつくよう
　にしよう。

[研究]

ツルが、巻きつくよう
すを見よう。

○どんなにして巻きつくか。

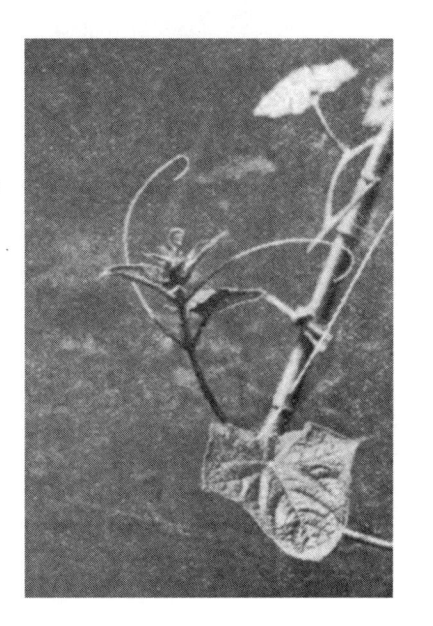

オジギソウ・エビスグ
サの葉は、どんなときに
動くか。

○そのほか、動くものはな
　いか、調べてみよう。

[3] キュウリの花

キュウリの花が咲いたら、どこがキュウリの実に
なるか調べよう。

○実になる花と実にならない花とは、どんなところが違
　うか。

オ花がなくても、メ花は実になるだろうか。次の実験をしてみよう。

実験 1

（イ）図のように、メ花に紙の袋をかけて、オシベの粉がはいらないようにしておく。

（ロ）メシベにオシベの粉をつけてから、紙の袋をかけておく。

袋をかけたメ花は、こののち、どんなになるか、ようすを見る。

この実験で、どんなことがわかるか。

キュウリの花には、どんな虫が来ているか。

花に虫が来なくても、実ができるだろうか。次のような実験をしてみよう。

　実験2　オ花とメ花とがついた枝に、網の袋をかけて、虫がはいらないようにしておく。メ花は、こののち、どんなになるか、ようすを見る。

　この実験で、どんなことがわかるか。

［4］キュウリの病気
　キュウリの葉は病気にかかりやすいから、気をつけよう。

　葉に図のようなムラが出たのは、病気にかかったしるしである。
　○病気にかかったのはないか、調べよう。

　病気がひろがらないようにするために、ボルドー液を作ってかけよう。
　○ボルドー液は次の割合で作る。

硫酸銅　　6g

生石灰　　6g
き いしばい

水　　　1l

硫酸銅 6g を 5dl の水にとかそう。

○硫酸銅は毒だから、気をつけよう。

○硫酸銅をとかした水が金物にふれると、金物がいたむ

　から、気をつけよう。

生石灰 6g を 5dl の水にとかそう。

○まず、水を少しかけてみよ。

○よくふやけたら、残りの水を入れて、かきまわせ。

生石灰をとかした水をかきまわしながら、その中

に硫酸銅をとかした水を注ごう。できたボルドー液

を、ふんむ器で、キュウリにかけよう。

○葉の表の方よりも、裏の方にたくさんかける。

これからも、ときどき、ボルドー液をかけて、キュ

ウリを丈夫に育てよう。

3　花とミツバチ

　ミツバチがみんないっしょになって、くらしているようすを見に行こう。

　巣箱の入口にいるハチは、何をしているのだろう。

○見はりをしているのはいないか。

○羽をブンブンいわせているのはいないか。

　巣箱に帰って来るハチと、巣箱から出て行くハチとは、どんなところが違うか、気をつけて見よう。

　巣箱のフタを静かに取って、中のようすを見よう。

ハチが足につけて持ち帰った粉は、どこに置いて
あるだろう。

　ミツはどこにためてあるだろう。

　巣の中のフタをしてある部屋には、何がはいっているのだろう。

　○形の違う部屋はないか。

　形の違うハチはいないか、調べてみよう。

　これからも、ミツバチがどんなに働いているか、巣箱の入口のようすに気をつけよう。

　○よく晴れた日　雨の日

　○花の多いとき　少いとき

　○秋の末に、大きなハチがおそって来たとき

　ミツが、巣わくにいっぱいになったら、ミツのはいったわくを取り出して、からのわくを入れてやろう。

　○からのわくに巣を作るようすをときどき見よう。

　巣の中にミツが少くなったら、ミツを入れてやろう。

　ミツバチが、ミツや粉を集めて来るようすを見に行こう。

　○菜の花には、ミツバチのほかに、どんな虫が来ているか。

○ミツバチは何をしているか。

菜の花のどこからミツが出るか、探してみよう。
○どんなにして、探したらよいだろうか。

粉はどこにあるか、探してみよう。
○オシベの先にある粉と、ミツバチの足についている粉
　とをくらべてみよ。

メシベの先からも、花粉が出るだろうか。
花の散ったのち、メシベはどんなになるか。
○枝の下の方にある実とくらべてみよ。

[研究]
ミツバチは何の花から花粉を集めて来るか、調べ
てみよう。
○ミツバチは何の花によく来るか。
○ミツバチの足にある花粉と花にある花粉とをくらべて
　みよう。

4　蚕と桑

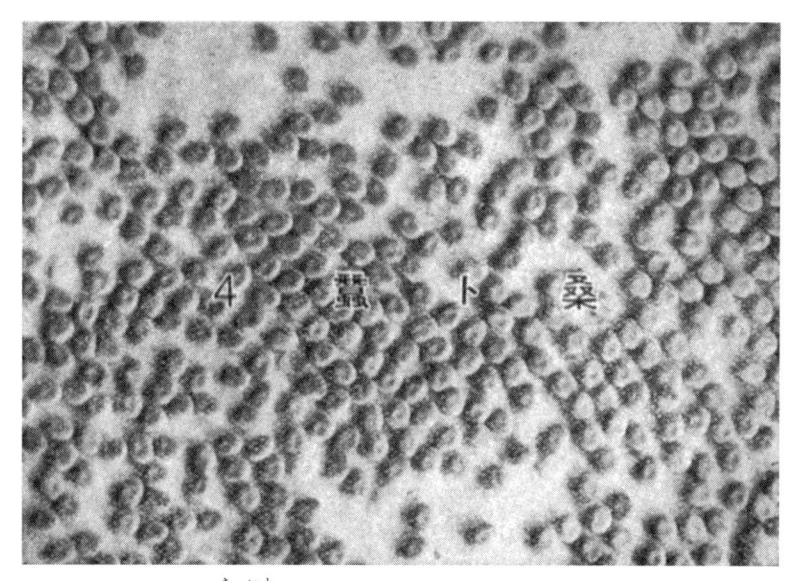

蚕を飼って生糸<ruby>生糸<rt>きいと</rt></ruby>を取るのは、わが国の大切な産業である。私たちも蚕を飼って生糸を取ってみよう。

　春になって、桑の芽が開き始めるころ、今まで、つめたいところにしまってあった蚕の卵を出して来る。そうすると、まもなく卵がかえる。

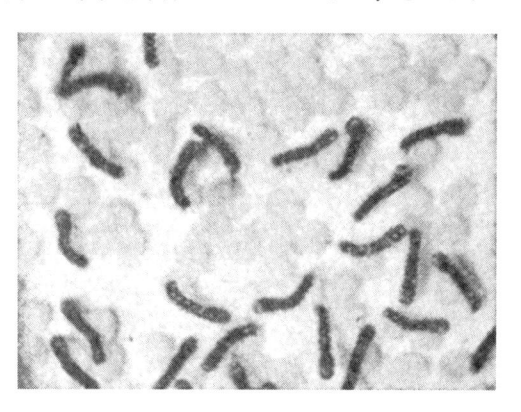

［1］ ケゴと桑

卵がかえり始めたら、ケゴの出るようすを見よう。

○どんなになって出るだろう。

○ケゴはどんなようすをしているか。

○桑の葉をやってみよう。

これから皆でよくせわをして丈夫に育て、りっぱなマユを作らせよう。

○よく気をつけていて、フンを取り除き、ときどき新しい葉をやろう。

○蚕の日記をつけよう。蚕の育つようすや、変ったことは、書きとめておこう。

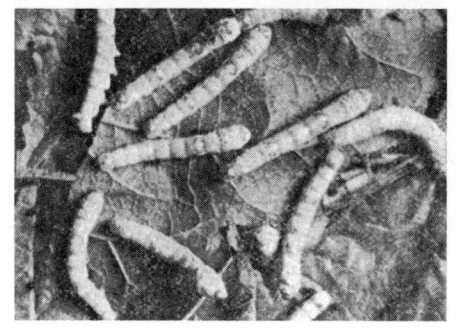

　蚕はしおれた葉をたべないから、葉がしおれない
ようにすることが大切である。どうしたらしおれな
いだろうか、工夫してみよう。

　実験１　桑の葉をガラスの入れ物に入れ、ふたを
したものと、しないものとを作り、どちらがしおれ
やすいかを調べる。

　実験２　桑の枝を水にさしたものと、ささないも
のとを作り、どちらがしおれやすいかを調べる。

この二つの実験で、どんなことに気がつくか。

○葉は、なぜしおれるのだろう。

○葉の中の水はどこへ行ったのだろう。

○切った枝や葉は水を吸いあげるのだろうか。

実験3　赤インキで染めた水に桑の枝をさしておき、しばらくしてから、皮をはいだり、茎を切ったりして、赤く染まったところはないか、調べてみる。

○なぜ、赤くなったのだろう。

○なぜ、ところどころ赤くなったのだろう。

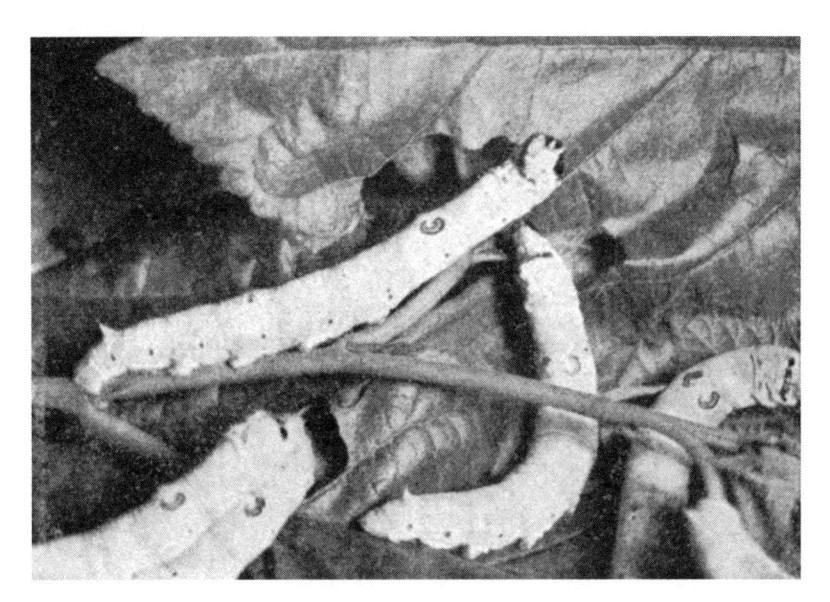

　いらなくなった枝は、かわかしておいて、まきに
しよう。

　枝がよくかわくと目方がどんなに変るか、調べて
みよう。

　○はじめに目方を計っておこう。

［研究］

　実験３のようにして、ハナショウブや、そのほか
の白い花で実験してみよう。

　どんなになるだろう。

［2］ マユ

蚕がマユを作るころになったら、まぶしを作って、そこへうつしてやろう。

どんなにしてマユを作るのだろうか、よく見よう。

○糸はどこから出すのだろう。

マユがすっかりできあがったら、できたマユぜんたいの目方を計ってみよう。

［3］糸くり

マユから生糸を取ってみよう。

○マユをなべの湯に入れて煮ながら、ワラのほでかきま
　わすと、糸口が引き出される。

○引き出された糸を糸巻に巻き取る。

　糸のとれないものができたら、ほぐして、真綿に
しよう。

　絹の織物一反を作るには、約 2.5kg のマユがいる。
これだけのマユを取るには、何匹の蚕を飼わなくて

はならないか。

1　残っているマユから、ガがいつ出るか、気を
つけていよう。

○ガが出たら、卵を生むようすを見よう。

2　マユから小さなウジの出ることがある。ウジ
が出たら、箱に入れて、逃げ出さないようにしてお
いて、どんなになるか、ようすを見よう。

○なぜ、ウジが出るのだろうか。

3　蚕の一生と、モンシロチョウの一生とをくら
べてみよう。

5　写真機

[1] 針あな写真機

針あな写真機を作って、その写り方を調べてみよう。

○作り方は、次の図を見て考えよう。

三年生のときに作ったものを参考にすること。

できあがったら、外の景色を写して見よう。

○どんなに写るか。

○なぜ、さかさに写るのだろう。

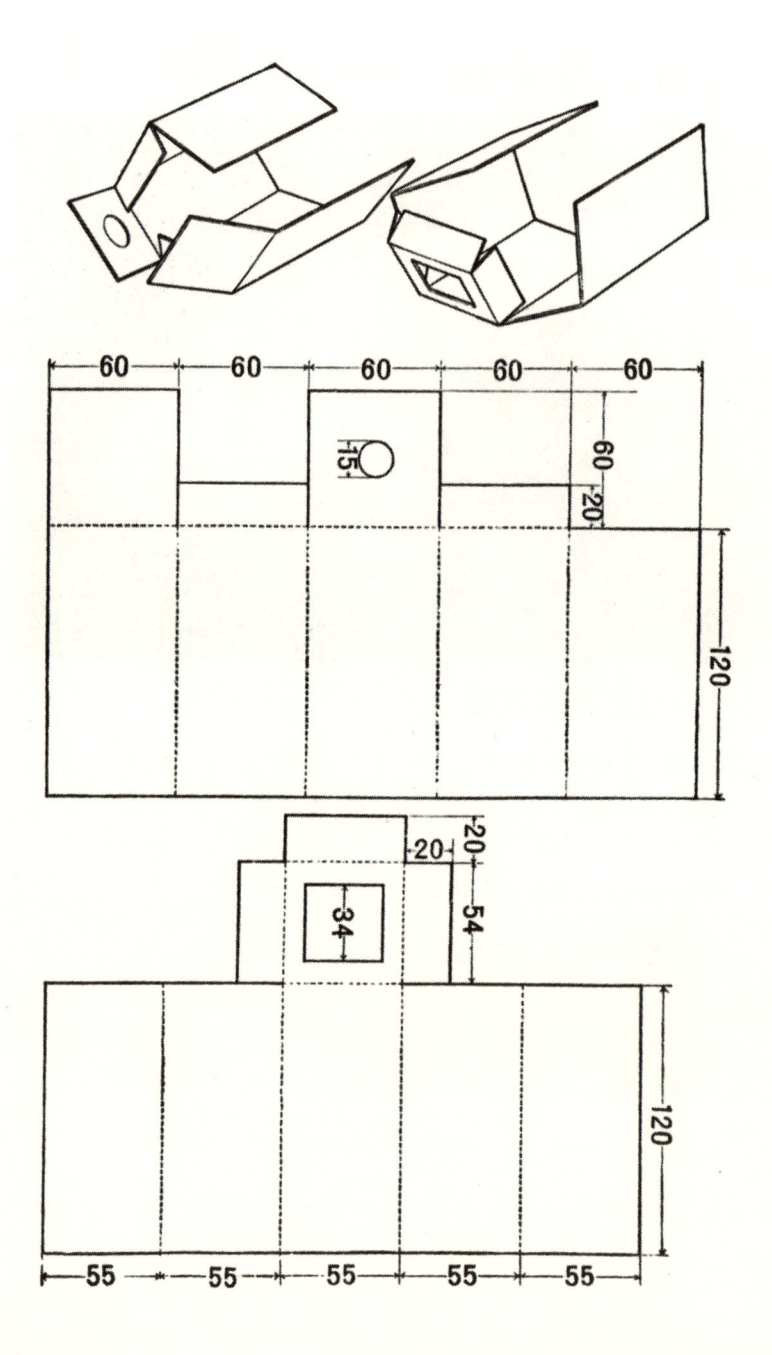

その調べ方を工夫してみよう。

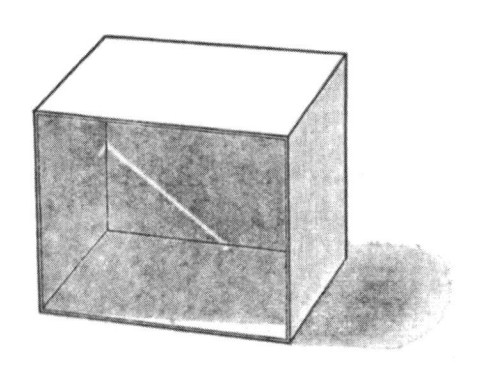

実験１　図のように、あき箱に小さなあなをあけ、これを太陽に向けて光のさしこむようすを見る。

○光はどんなにさしこむか。

実験２　針あな写真機の前に、火のついたロウソクを置き、どこに写るかをたしかめる。

○ロウソクを左や右に移して、そのたびに写るところを
　調べる。

○写る紙をはずして、どこから火が見えるかを調べる。

これらの実験から、どんなことがわかるか。

○図のように、光の通る道を点線であらわし、調べたこ
　とを図にかいてみよう。

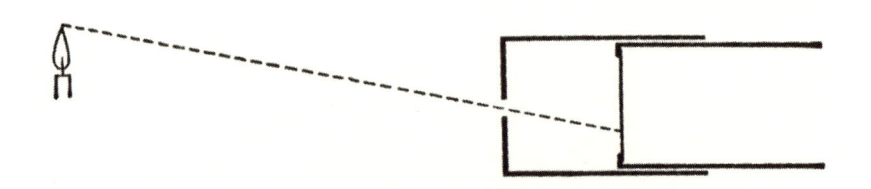

　実験**3**　写真機の前に火のついたロウソクを置き、それを前や後に移して写った、ほのおの大きさを調べる。

　　○実験2のときのように、調べたことを図にかいてみよう。

　実験**4**　ロウソクと写真機は動かさないでおき、写る紙を前や後に動かして、写ったほのおの大きさを調べる。

　　○前のように、図にかいてみよう。

　この写真機はどんなところを改めたらよいだろう。わるいところを考え、もっとよくなるように工夫してみよう。

　　○もっと明かるく写るようにはならないだろうか。

　　○はっきり写るようにはならないだろうか。

［2］レンズ写真機

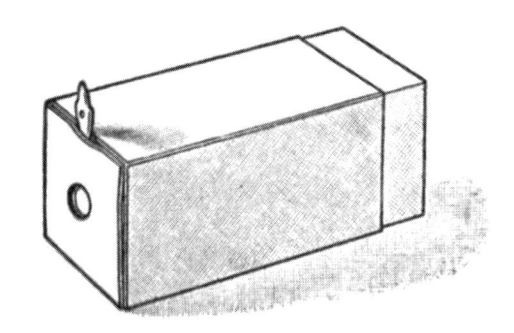

　針あな写真機のあなを大きくして、そこにレンズ
をはめてみよう。

　○景色はどんなに写っているか。

　○どんなにすれば、はっきり写るか。

　○針あな写真機と、どんな違いがあるか。

　○遠いものや近いものを写してみよう。

　○太陽はどんなに写るだろう。

　レンズを太陽にまともにあてたとき、太陽の光の
集るところをレンズの焦点といい、レンズの中心か
ら焦点までの距離をレンズの焦点距離という。

［研究］

1　レンズによって焦点距離が違うだろうか。

2　どんなレンズの方が、物が大きく見えるだろうか。

［3］反射写真機

レンズ写真機を、上からのぞいて見られるように工夫しよう。

○潜望鏡では鏡がどんなに使ってあったか。

実験1　いろいろな物を鏡に写して、どんな写り方をするか調べる。

鏡を机に垂直に立てて、いろいろなものを写してみる。

○鏡を傾けると、どんなに写るか。

実験2　鏡にあたった光はどんな向きに反射するか調べてみる。

○どんなにして調べたらよいか、図を見て考えよう。

○光が鏡にさしこむ角度と反射する角度とを調べる。

○さしこむ光を直角に曲げて反射させるには、鏡をどんな角度に置けばよいか。

　これらの実験から、レンズ写真機の中に、鏡をどんなに取りつけたらよいかを考え、上からのぞいて見られるようにしよう。

　［研究］

　初めから、反射写真機として設計して、作ってみよう。

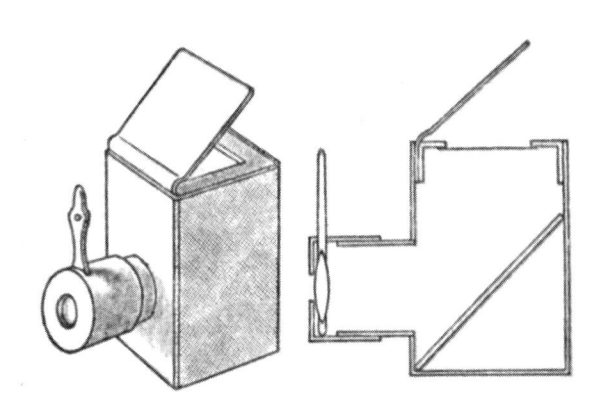

6 油しぼり

［1］ナタネのとり入れ

ナタネのみのるようすに気をつけていて、下の方のサヤが割れやすくなったら、とり入れて、油をしぼってみよう。

○サヤの開くようす、種のついているようすに気をつけよう。

種に油がふくまれているかどうか、調べてみよう。

○紙の間にはさんで、石で押しつぶしてみる。

○デンプンがあるかどうかも、調べてみる。

根元から刈りとって、先の方のサヤもよく割れる
ように、干しておこう。

○刈りとるとき、種がこぼれないように気をつけよう。

刈りとったあとに、ダイズを作ろう。

[研究]

1　ダイズやアズキについても、調べてみよう。

○油があるか。

○デンプンがあるか。

2　ダイズの白いところは何だろうか、調べてみ
よう。

○ダイズを、一晩、水にひたしておいて、すりつぶす。

○よくつぶれたら、水を入れて煮る。

○煮た汁を布の袋に入れてしぼる。

○汁に、ニガリを少し注いでみる。

○汁を布でこして、布の中に残ったものを、豆腐とくら
　べてみよう。

[2] 油しぼり

刈りとったナタネがかわいたら、種だけ分けよう。

○どれだけとれたか、目方を計る。

油がよくしぼれるようにしよう。

○まず、種をいってからすりつぶす。

○丈夫な袋に入れてふかす。

ふかした種が冷えないうちに、強い力を加えて、
油をしぼろう。

○どんなにして、強い力を加えたらよいか。

○油がどれだけとれたか。

とれた油に燈心を入れて、火をつけてみよう。

○パチパチいうのは、なぜだろう。

○どうしたら、パチパチいわなくなるだろう。

油をしぼったカスはコヤシにしよう。

7　夏の天気

7夏ノ天氣

［1］初夏のころ

このごろの季節には、どんな特徴があるだろう。

○「春の天気」で調べたようなことが、このごろはどん
　なに変ったか、調べてみよう。

○一日の中の気温の変り方と、日々の気温の変り方を調
　べてみよう。

強い日ざしを受けた土は、どんなになっているだ
ろうか。はだしでふんでみよう。

○日かげの土はどうだろう。

○日なたの土と、日かげの土の温度をくらべてみよう。

○土の深いところはどうだろう。

井戸水を汲み、手を入れてみよう。

○どんな感じがするか。

○温度はどれくらいだろう。

○汲みおきの水は何度だろう。

○汲みたての井戸水、汲みおきの水、水道の水の温度が
　違うのは、なぜだろう。

　これからも、ときどき気温や水温を計ろう。太陽の出る方位、はいる方位、正午の太陽の高さについても調べよう。

［2］ 干物

手足をふいた手拭を洗って、干しておこう。
○いろいろ工夫して、よくかわくようにしよう。
○よくかわくのは、どんな天気のときだろう。

　水でぬれた布がかわくとき、水はどうなるのだろう。

　　実験　二枚の布切れを同じように水でぬらし、ガラス皿に一枚ずつ入れ、一つのガラス皿にだけガラスのふたをする。

　　○しばらくして、ようすを調べる。

　　○どんなことが見られるか。

　　○布切れの水はどうなったか。

　　水を皿に入れ、ふたをしないでおくと、どうなるだろう。

　　［研究］

　　ののち、せんたく物のかわき方に気をつけよう。

○晴れたときとくもったとき

○風の強いときと弱いとき

○しめり気の多いときと少いとき

○温度の高いときと低いとき

[3] つゆのころ

このごろは、どんな天気の日が多いか、調べてみ
よう。

　○毎日の天気を書きとめておこう。降った雨水はどんな
　　役にたっているだろう。

降った雨水の量を計ってみよう。

○どんなにして計ったらよいか工夫しよう。

○一日にどれくらい降るだろうか。

○つゆの間にどれくらい降るだろうか。

つゆのころの空気は、はだにどんなに感じるか。

○それはなぜだろう。

空気の中に水蒸気のあることをたしかめてみよう。

実験1　汲みたての井戸水をバケツやコップに入れて、しばらく置く。

○どんなことが見られるか。

○それはなぜだろう。

しめり気のためにようすの変る物を調べてみよう。

○塩はどうか。

○しめりやすいものをたくわえるには、どんなにしているか。

実験2　セロハンの切れ端を机の上にのせて見る。次に、机の上を少ししめらせて、その上にのせて見る。

　○どんなことが見られるか。

　○それはなぜだろう。

　実験3　図のように、セロハンを古はがきにのせ、両端にノリをつけ裏側に折ってはる。

　○セロハンをしめらせてからはる。

　○しばらくすると、どんなになるか。

　セロハンは、空気中のしめり気の多いか少ないかで、のびちぢみする。

　セロハンを使って、空気中のしめり気を調べる仕掛を作ってみよう。

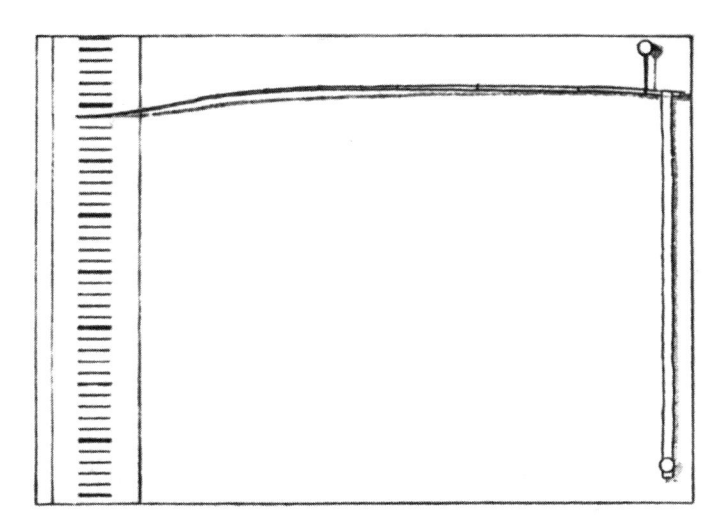

こののち、雨の日や、しめり気の多いと感じる日には、この仕掛がどんなになっているか、晴れた日や、かわいていると感じる日には、どんなになっているか、調べよう。

降った雨水はどこへ行くだろうか。

○海・川・池の水はどうなるだろうか。

○土にしみこんだ水はどうなるだろうか。

空気中にある水蒸気はいつまでも水蒸気のままでいるだろうか。

○空気が冷えた時は、どうなるか。

1　板には、しめり気の多少で、のびちぢみする
ものがある。

○どんなときに見られるか。

○板は木目にそった方向と、それに直角の方向と、どち
　らののびちぢみが多いか。

2　朝もや夕もやのようすを見よう。どんな天気
の時にできるか。

[4] 夏至

今までに、気温や太陽などについて調べたことを
まとめてみよう。

○これで、どんなことがわかるか。

六月二十一日か二十二日には、太陽の出る方位、
はいる方位は、いちばん北へかたよって、昼は一年
中でいちばん長い。この日を夏至の日という。正午
の太陽はこの日にいちばん高い。

これからもときどき、日の出・日の入りの時刻、その時のようす、正午の太陽の高さを調べよう。

[研究]

1　朝焼け・夕焼けは天気を知る手がかりにならないだろうか、調べよう。

2　天の川を見つけよう。

3　北極星を見つけよう。北の空で、光の強い、

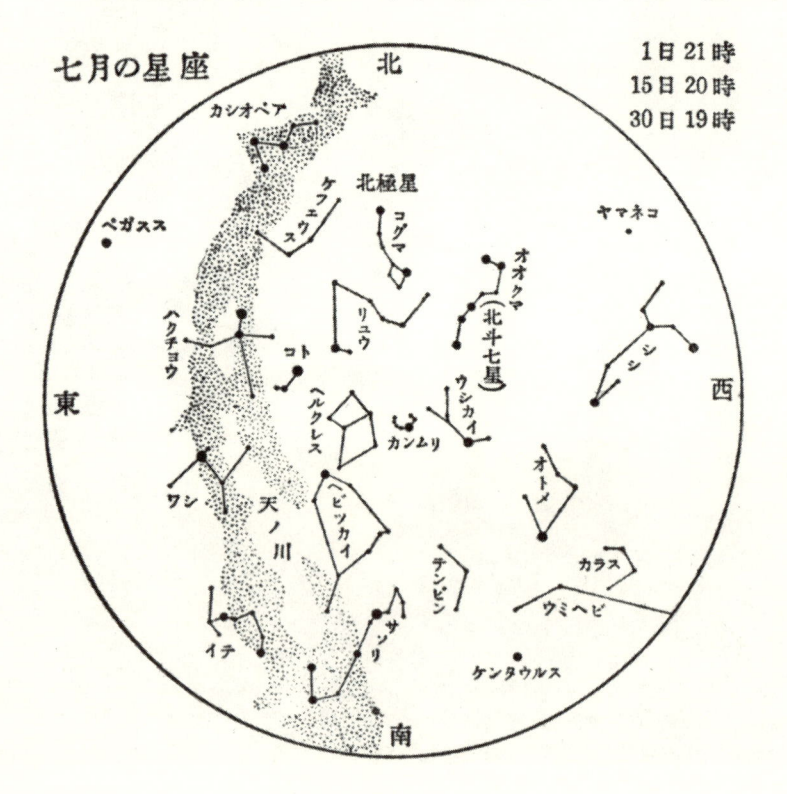

七月の星座

1日 21時
15日 20時
30日 19時

ならび方のめだつ星を探し、それらの星から北極星
は、どんな方向にあるかを調べよう。

　○北極星の位置を知ることは、方位をはんだんするのに、
　　大切である。

　4　北極星は一晩中、その位置が変らないことを
たしかめよう。そのほかの星は、位置がどんなに変
るだろう。

　○北斗七星とカシオペアは何時ごろ、どんな位置に見ら
　　れるか。いろいろな季節に調べてみよ。

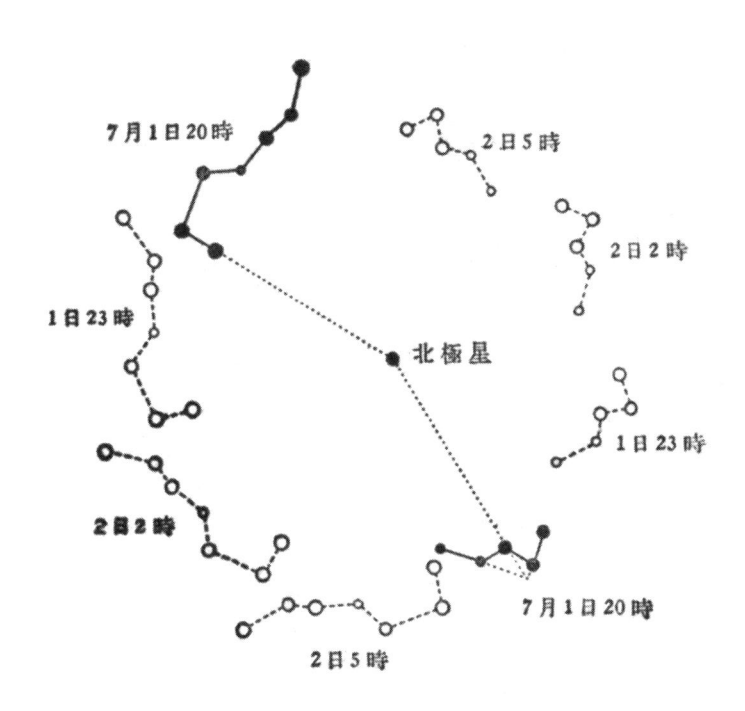

8 夏の衛生

8 夏ノ衛生

［1］カビ

このごろは、いろいろなたべ物がかびたり、くさっ
たりしやすい。

○どんなたべ物がかびやすいか。

○たべ物のほかにも、かびやすい物があるか。

なぜこのごろは、カビが生えやすいのだろうか。
次の実験をして調べてみよう。

実験 パン・かし・ノリなどをガラス皿に入れ、

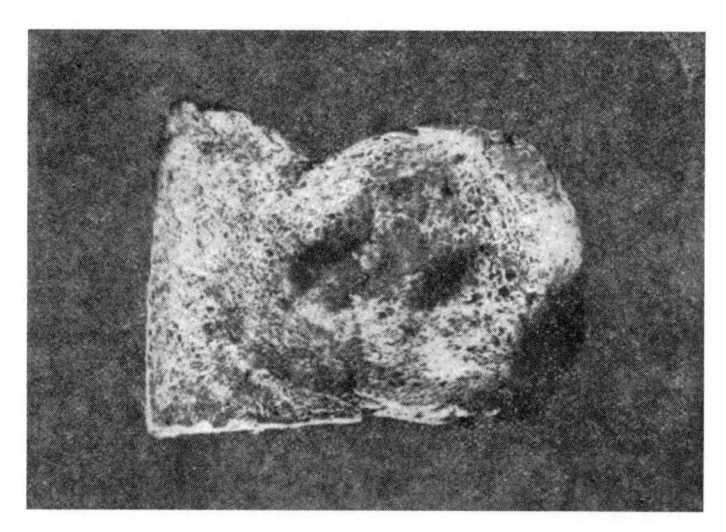

ふたをしたのと、ふたをしないのとを作り、どちらがかびやすいか調べる。

　○カビの生え方はどんなに違うか。

　○何日ぐらいでカビが生えるか書きとめておき、寒いときの生え方とくらべてみよう。

　○なぜ生え方が違うのだろう。

[２] ビンづめ

　たべ物をくさらせないように、たくわえるのには、どんなことをしているか。

　ビンづめを作ってみよう。

　○あきビンをよく洗い、きれいにした材料を入れて、軽

くふたをする。

○ごはんむしに入れて、三十分ぐらいふかす。

○ふかし終ったら、固くセンをする。

二三日して、どんなようすか、見よう。

ジャガイモのなまのものと、煮たものと、どちらがくさりやすいか、くらべてみよう。

実験　なまのものも、煮たものも、ガラス皿に入れて、ふたをしておく。

○毎日ようすを見る。

これから、どんなことがわかるか。

たべ物がくさるのは、どういうわけだろう。

このごろは、いろいろな病気にかかりやすいから、たべ物に気をつけよう。

[研究]

ビンづめのほかに、たべ物をながくたくわえる方法を自分でやってみよう。

[3] 石けん作り

石けんを使うと、アカや油が落ちやすい。

石けんは、油とカセイソーダとから作る。私たち

も作ってみよう。

　○ビーカーに油とカセイソーダの液とを入れ、火にかけて煮る。

　○静かにかきまわしながら、どんなにようすが変るか、よく見よう。

　○油がなくなったら、火からおろし、塩水に入れる。どんなになるか。

　○白いかたまりをざっと水で洗う。

石けんができたかどうか、調べてみよう。

○色・ツヤ・におい・手ざわりはどうか。

○アワはよく立つか。

できた石けんで手や布を洗ってみよう。

　石けんのほかに、アカや油を落すものはないか、調べよう。

　実験　水・石けん・アク・きはつ油などを別々のビンに入れ、どれにもアカや油のついた布を入れてよく振る。

〇布を取り出して水で洗い、よく落ちたかどうか、調べる。

アカには、カビや細菌がついて、はびこりやすい。カビや細菌の中には、病気のもとになるものもあるから、アカをつけていないようにしよう。

〇いつも、からだや着物や手拭などをきれいにしておこう。

〇食事の前には、手を洗おう。

〇爪がのびたら、すぐ切ろう。

[研究]

1　いろいろな油から石けんが作れるか、ためしてみよう。

2　近くに、せんたくに使えない水があったら、石けんのとけ方、アワの立ち方などを調べてみよう。

3　温泉の湯で石けんがよくとけるか、調べてみよう。

[4] ハエとカ

このごろは、ハエやカがたくさん飛んで来る。ハエはきたないところに止って、足にきたない物をつけたまま飛んで来て、たべ物に止る。カは私たちの

血を吸い、また、牛や馬などの血も吸う。

ハエやカのことをよく調べて、これらの害虫を除く方法を考えよう。

ハエの集まるようすを調べよう。

〇いろいろな餌を作って、ハエの集まるのを見よう。

〇どんな餌にたくさん集まるか。

〇形・色・もようの違ったのはないか。

ハエはウジから変ることをたしかめよう。

実験 魚や貝の肉をビンに入れ、その中へ、同じ種類のハエを五六匹入れ、布切れでおおいをする。

〇ハエを入れないで、おおいをしたのも作って、くらべてみる。

〇ハエはどんなことをしているか、静かに見よう。

これからときどき、ビンの中のようすを見よう。

ハエを少くする方法をいろいろ工夫してためして
みよう。

カをたくさん取って来て調べよう。
○どんな口で血を吸うのだろう。
○形・色・もようの違ったのはないか。

ボウフラを集めて来て飼っておき、カになるよう
すを調べよう。
○ボウフラのいるところを探そう。
○流れ水にいるだろうか、たまり水にいるだろうか。
○取れたボウフラはビンに入れておく。
○ボウフラが、カになっても逃げないように、ふたをする。

ボウフラはどんな動き方をするか。
○ビンにふれたり、ビンをたたいたり、明かるくしたり、
　暗くしたり、いろいろ工夫して動き方を調べる。

ボウフラが、ときとき水面に来て止まっているの

はなぜだろうか。次の実験をして考えてみよう。

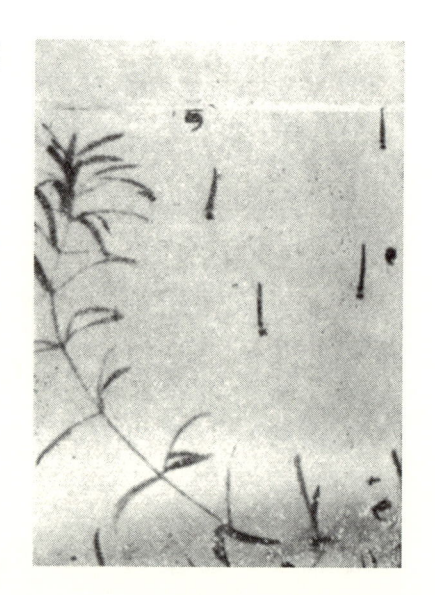

　実験1　コップの中の水にボウフラをとり、その中に網を入れて、ボウフラが水面まで来ないようにする。

　○ボウフラはどうなるか。

　この実験で、どんなことがわかるか。

　実験2　水を入れたビンにボウフラを入れ、その水に油を浮かす。

　○ボウフラはどうなるか。

　○いろいろな油でためす。

　これらの実験から、カを少くする方法をいろいろ工夫してためしてみる。

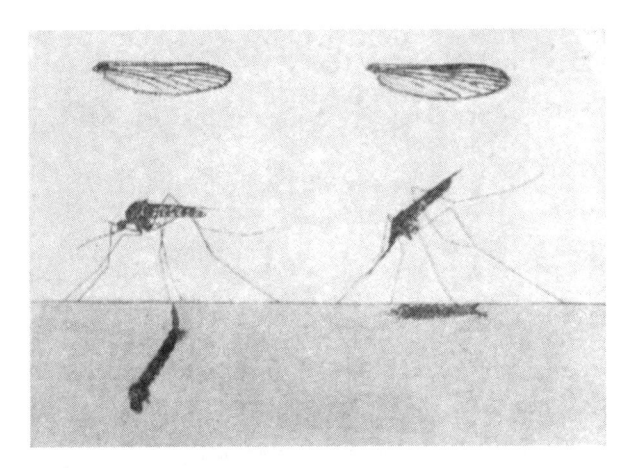

　カの中には、マラリアという病気をうつすものも
ある。図の右側のようなカはいないか気をつけよう。

　［研究］

　１　ふたをした用水桶とふたをしない用水桶とで
は、ボウフラの出方はどんなに違うか、くらべてみ
よう。

　２　ボウフラの出た用水桶に、メダカや金魚など
を入れて、ボウフラがいなくなるかどうか、調べて
みよう。

9 ポンプ

9 ポンプ

[1] 井戸のポンプ

井戸のポンプで水を
出してみよう。

○水がどこを通って出
　てくるか見る。

○柄を動かすと、それ
　につれてどこが動く
　か。

　ピストンを筒からとり出して、その構造を調べてみよう。

○ネジはどちらにまわせば、はずれるか。

○ピストンが筒とふれるところはどうなっているか。

○水が出るところはどうなっているか。

ベンのつき方とはたらきを調べておこう。

○筒の底はどうなっているか。

［２］火消しポンプ

火消しポンプで水を飛ばしてみよう。

○どんなにして使えばよいか。

○どうすれば、水が高くあがるか。

○押し始めは水の勢が弱いのはなぜだろう。押していると、ピストンが重くなるのはなぜだろう。

押すのをやめても、続いて水が出るのはなぜだろう。

○井戸のポンプとどこが違うか。

ポンプを分解して調べてみよう。

○ベンは、どこに、どちら向きについているか。

○筒と空気室とのつながりはどうなっているか。

ピストンのあげさげとベンの動き方との関係や水の出る道すじについて、まとめて図にかいてみよう。

[研究]

このほか違った水あげポンプがあったら調べてみよう。

［3］ ポンプ作り

空気室のあるポンプを作って水を出してみよう。

○どんなものを用意したらよいだろう。

○どんな点に注意しなければならないだろうか。

○ベンはどういうふうに作っ
　たらよいだろう。

ポンプができたら、水を
出してみよう。

　水の出口を指でふさいで、
ポンプを押してみよう。

　○手ごたえはどうか。

10 秋の天気

［1］風

秋になったことは、どんなことでわかるか。

○「夏の天気」にならって調べよう。

夏のころにくらべて、風がさわやかになったのは、なぜだろうか、調べよう。

○六月ごろのしめり気と、このごろのしめり気とをくらべてみよう。どんなことに気がつくか。

風のようすをよく見よう。風が強く吹いたり弱く

吹いたりすることは、どんなことでわかるか。また、風がどちらの方から吹いているかは、どんなことでわかるか。

　風の強さや方向を計る仕掛を工夫して作ってみよう。

———————————————

　これから風のようすに気をつけていて、私たちが作った仕掛で、風の強さや方向を計ろう。

———————————————

　空気には、こいところと、うすいところとができやすい。そうして、空気は、こい方からうすい方へ流れる。この空気の流れが私たちには風と感じられるのである。

［2］気球

　測候所では、気球をあげて、空の高いとこ

ろの風の方向とはやさとを計っている。

　空の高いところの風の方向とはやさとは、低いところと違うだろうか。

　私たちも、気球を作ってあげてみよう。

　気球を作るには、ゴム風船に水素をつめればよい。

　水素は亜鉛にうすい硫酸をかけるとできる。ビンの中で水素を作り、口から出てくる水素をゴム風船につめる。

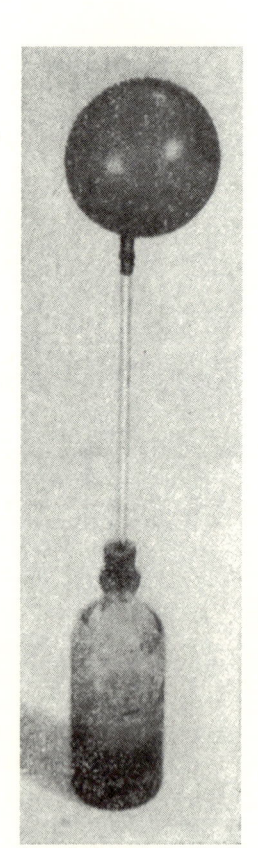

　注意　水素に火を近づけると、爆発することがあるから、よく気をつけよ。

　気球ができたらあげてみよう。

　〇糸をつけてあげてみる。

　〇糸をつけないであげてみる。

　　あがるようすはどんなに違うか。

　〇高いところの風はどんなようすか。

　気球はどれだけの重さの物を持ちあげる力がある
か、計ってみよう。

　気球はなぜあがるのだろうか。自分で空高くあが
る力を持っているのだろうか。次の実験をして調べ
てみよう。

　実験　ガラスの入れ物に水素のはいった気球を入
れてみる。
　次に、図のようにして、この入れ物に、下から水
素を入れて、気球がどうなるかを見る。

　この実験で、どんな
ことがわかるか。

　気球をつないでおい
てみよう。
　○いつまでも気球はあ
　　がっているだろうか。

[研究]

1　気球の外側に、ニスをぬったものと、ぬらないものと、どちらがながくあがっているか、くらべてみよう。

2　シャボン玉を水素でふくらましてみよう。ふくらまし方や、飛ばし方はいろいろ工夫してみること。どんなあがり方をするか。

3　高いところの雲と低いところの雲に気をつけてみよう。

4　雲の動き方、形の変り方などに気をつけて、空の高いところの風のようすを考えてみよう。

[3] 秋分

九月二十三日か二十四日は秋分の日であって、秋季皇霊祭が行われる。秋分の日を中にして、前三日と後三日とを秋の彼岸という。

六月から太陽について調べて来たことをまとめてみよう。

○太陽の出る方位、はいる方位、正午の太陽の高さの変り方

これで、どんなことに気がつくか。

気温の変り方についても、調べたことをまとめよう。
　○太陽について調べたこととどんな関係があるか、考えよう。

気温の変り方と水温の変り方とをくらべてみよう。これで、どんなことに気がつくか。

日の出、日の入りの時刻、その時のようす、正午の太陽の高さ、気温、水温、しめり気についても引き続いて調べよう。

［研究］
星や月のようすに気をつけよう。

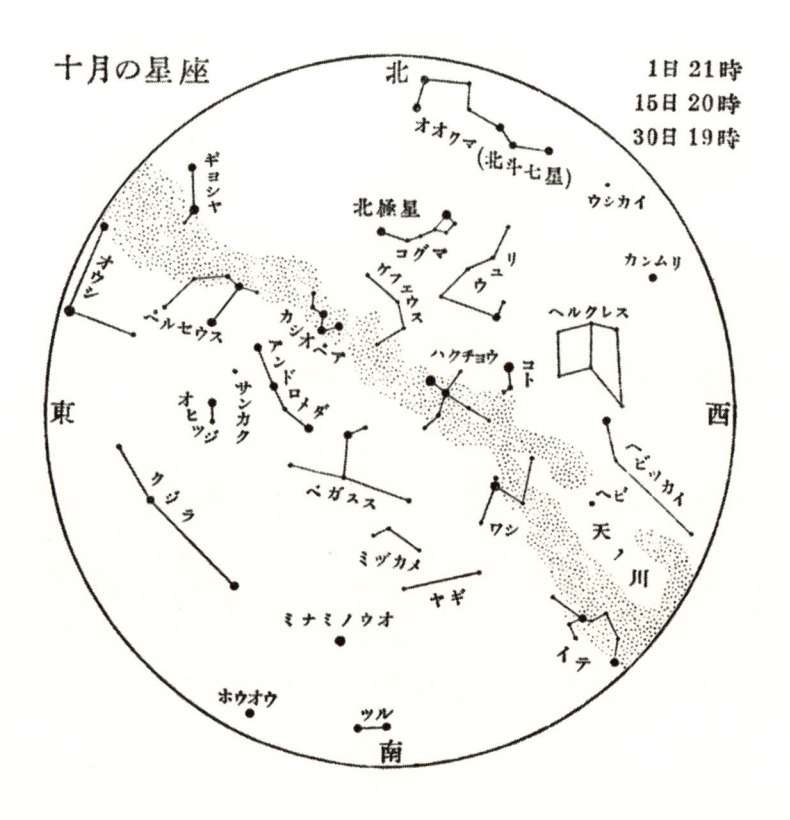

十月の星座

北

1日 21時
15日 20時
30日 19時

東

西

南

11　こと・ふえ・たいこ

こと・ふえ・たいこの音を調べてみよう。

[1] こと

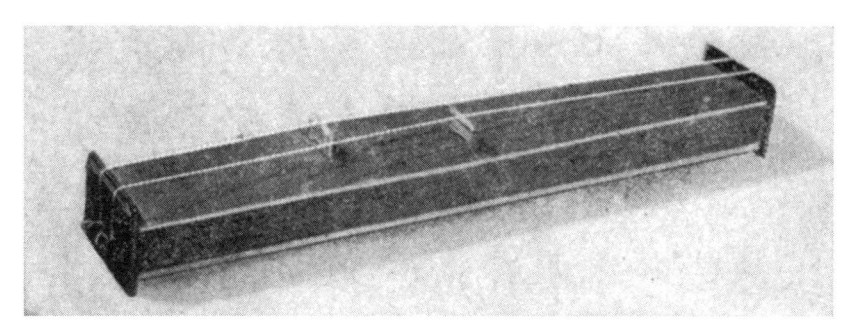

　私たちの作ったことで、いろいろな曲がひけるよ
うに工夫してみよう。

ことじをはずして、糸をはじいてみよう。どんな音が出るだろう。

　糸は、どんなにゆれるだろう。次の場合にどんな違いがあるか、調べてみよう。

　○強くはじいたときと弱くはじいたとき

　○糸をしめたときとゆるめたとき

　音の違いは、なぜできるのだろう。

　糸のゆれ方を、いろいろ工夫して調べてみよう。

　○糸の上に紙切れをまたがらせてはじいたらどうだろう。

　○ことの糸に、ぬい糸を結びつけてはじいたらどうだろう。

　これで、どんなことがわかるか。

　ことを、からだのいろいろなところにあてていてひくと、どんな感じがするだろう。

　ことの胴のあなを閉じてひいたときと、開いてひいたときと、どんなに違うだろうか。

　ことじを立てて、どんな音が出るか調べてみよう。

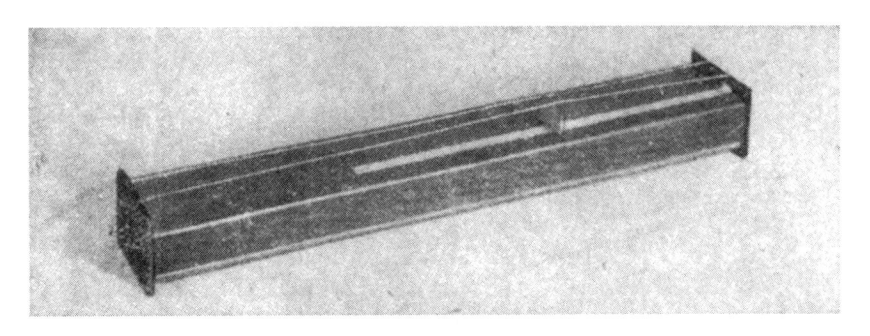

　○ことの板に目盛りをしておくと調べやすい。目盛りを
　　した紙をはりつけてみよ。
　○ことじの場所をかえて、音の変り方に気をつける。

　これで、どんなことがわかるか。

　「ハ・ニ・ホ・ヘ・ト・イ・ロ」の音を出してみ
よう。
　○ことじをはずして、一本の糸の調子を「ハ」の音に合
　　わせる。
　○もう一本の糸の調子を、前の糸の調子に合わせる。

　二本の糸の調子が合ったら、一本の糸にだけこと
じを立てて、八度高い音を出してみよう。
　○ことじをどこに置いたらよいだろう。

同じようにして
「ト」・「ホ」の音
の出るところを探
してみよう。

「ハ」・「ト」・「ホ」
の音の出るところ
がきまったら、その間に「ニ」・「ヘ」・「イ」の音の
出るところを探してみよう。

これらの音の出るところがわかったら、何かの曲
をひいてみよう。

[研究]

画用紙を図のように切り取り、糸にまたがらせて、
糸をはじいてみよう。

○どんなことが見
　られるか。
○紙を糸のどのあ
　たりに置いたと
　き、きれいな音
　が聞えるか。

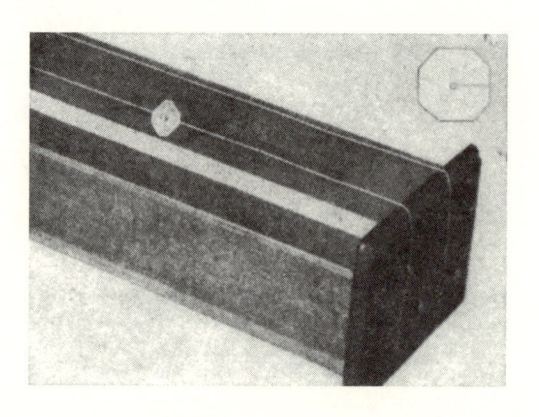

［2］ふえ

（1）南洋の鼻ぶえ

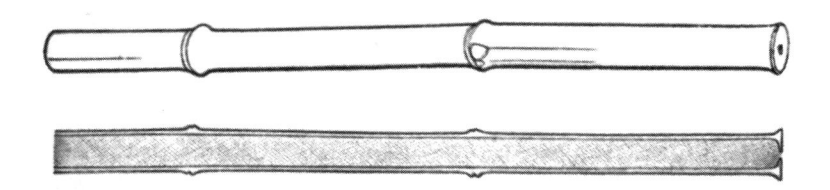

南洋のある島では、図のようなふえを吹いている。

私たちも、こんなふえを作って吹いてみよう。

ふえの作り方は、図を見て考えよう。

○いろいろな長さの竹で作る。

○吹く方の端に節を残し、これにあなをあける。

節のあなを鼻にあてて吹いてみよう。

○どんな音が出るだろう。

○どんなに吹くと高い音が出るか。

○どんなに吹くと低い音が出るか。

○息のあて方や、強さをかげんしてみる。

○下の端に指をあて、そのあて方をいろいろに変えてみる。

どんなことがわかるか。

長いふえと短いふえ
とでは、どんなに音が
違うか。

　ふえの下の端を水の
中に入れて吹くと、ど
うなるだろう。

　○吹きながら、だんだ
　ん水の中に深くさし
　入れると、どんな音
　が出るだろう。

　○吹きながら水から抜き出すと、どんな音が出るだろう。

　これはなぜだろう。

（2）台湾の一節ぶえ

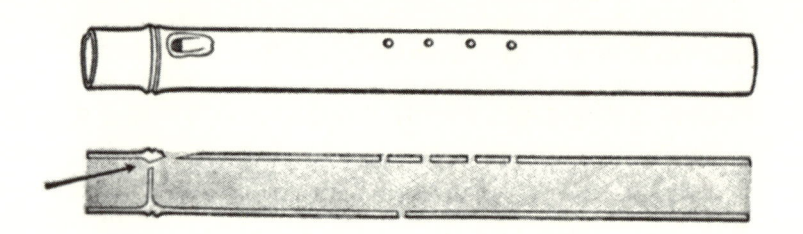

台湾の山で吹いているような、竹の一節ぶえを
作ってみよう。

図を見て作り方を工夫してみよう。

○幅5mm、厚さ1mmぐらいの金物の板を焼いてから、
　図の矢じるしの方向にさしこむ。

○金物のつきぬけたところと節の間を小刀でえぐる。

○あなを五つあける。

できたら節のある方を口にあてて、吹いてみよう。

○なぜ音が出るのだろう。

○あなを指でふさいだり、あけたりすると、なぜ音が変
　るのだろうか。

［研究］

1　ビールビン・サイダービン・一升ビンなどを、

鼻ぶえのようにして吹いてみよう。

　○金物のセンにあなをあける。

　○からのビンを吹くと、どんな音が出るか。

　○ビンに水を入れて吹くと、どうか。

この実験で、どんなことがわかるか。

　2　鼻ぶえの筒にあなをあけると、どんな音が出るだろう。

［3］たいこ

たいこをたたいて、音の出方や伝わり方を調べて
みよう。

　○次のようなことに気をつけて、なぜであるか考えてみ
　　よう。

（1）たたいた方の皮のようす

（2）反対側の皮のようす

（3）からだに受ける感じ

たたいたときの、たいこの皮のようすを調べてみ
よう。

　○いろいろな物をのせてたたいてみる。

　　砂をのせるとどうか。

　○皮に糸の一つの端をはりつけると、どうか。

これから、どんなことがわかるか。

音はどこを伝わって来るのだろうか。

　○たしかめる方法を工夫してみよう。

12　火と空気

12　火ト空氣

［1］昔の火の作り方

　下の図は、古くから出雲大社に伝わっている火を
作る道具である。

178

　私たちの祖先がこのような道具で火を作るのに、どんなに苦心したか考えてみよう。

　○いろいろな物をこすってみよう。

　マッチが広く使われるようになる前には、火打石を使って火を作っていた。火打石で火を作ってみよう。

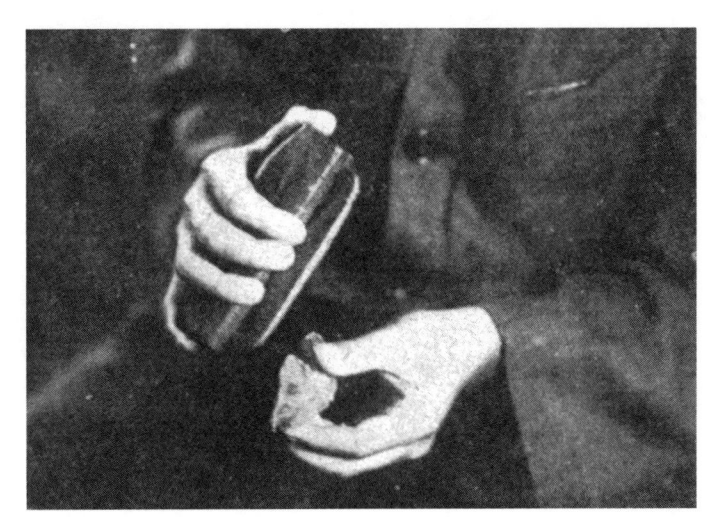

　○どうすれば、火花がよく出るか。

　○どうすれば、まきや炭に火をつけることができるだろう。

　○何か火のつきやすいものはないだろうか。

火打石の火花を火口に移し、火口の火をつけ木に移して、燃える火を作る。

火口はガマの穂をほぐして、にぶい火薬をつけたもので、つけ木はイオウをとかして、うすい板につけたものである。

手じかにある材料で、火口とつけ木を作ってみよう。

[2] マッチ

マッチの棒の先の薬から火の出るようすを調べてみよう。

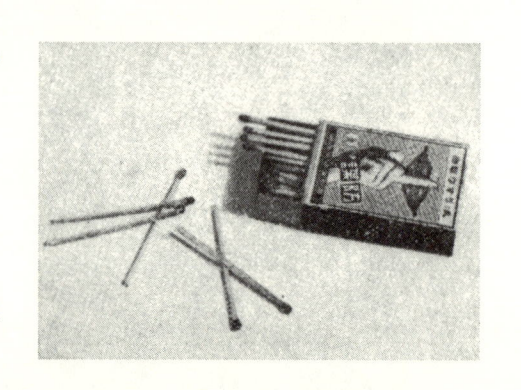

○マッチの箱をゆっくりこすって、火のつき方を見よう。

細いガラス管にマッチの棒を入れ、薬のところを外から熱してみよう。

○ガラス管の一端を閉じておくと、どうなるか。

　これから、どんなことがわかるか。

　火薬は、マッチの棒の先についた薬のようなもの
であって、急に燃えて、たくさんの気体ができる。
　せまいところに、たくさんの気体ができると、ど
うなるか。
　大砲や鉄砲の弾の飛ぶわけを考えてみよう。
　箱の薬を調べてみよう。

　○薬のぬってある紙をはぎとり、火をつけて、燃え方に
　　注意する。
　○燃えるときのにおいにも気をつけよう。

箱には、こすると火の出やすいセキリンという薬がつけてある。マッチの棒で箱をこすったとき、セキリンから出た火が棒の先の薬に燃えつくのである。

　マッチの燃え残りの棒に薬をつけて、もう一度使えるようにしてみよう。

　次にしめしたものは、マッチの棒の先につける薬を作るときの材料である。

（１）塩素酸カリ

（２）二酸化マンガン

（３）イオウ

（４）ガラス粉

（５）アラビアゴム

（６）水

これらの材料は、どんな役にたつか考えてみよう。

　どれが、火をつきやすくするものだろう。どうして調べたらよいだろう。

　注意　火薬のように爆発する薬があるかもしれないから、ごくわずかの薬でためしてみること。

――――――――

　塩素酸カリ・二酸化マンガン・イオウの三種の薬について調べてみよう。

　熱したら、火がつくだろうか。

○一種ずつためしてみる。

○二種ずつ組合わせて、ためしてみる。どんな組合わせができるか。

○三種とも入れて、ためしてみる。

　この実験で、どんなことがわかるか。

　塩素酸カリに二酸化マンガンを加えて熱したとき出る気体を集めて調べてみよう。

○空気とまぜないで、気体をとるには、どうしたらよいだろう。

　つけ木に火をつけて、この気体の中に入れると、どうなるだろう。

この実験から、どんなことがわかるか。

ここでとった気体は酸素である。

酸素の中に炭火を入れてみよう。どうなるか。

[3] まきと炭

　夏、切り取った桑の枝は、どんなになっているか、出してみよう。

　○ようすはどんなに変ったか。

　○どれだけ軽くなったか。

　なまの桑の枝 100g の中には、およそ何グラムの

水があると考えてよいか。

　まきにするには、なぜかわかしておくのだろう。

　桑の枝を焼いてみよう。

　○細い枝をガラス管に入れ、外から熱して、中のようす

　　を見る。

　○ガラス管から出る煙は、燃えるかどうか、ためしてみる。

　○ガラス管の中には何が残ったか。

　この実験で、どんなことがわかるか。

　炭を燃え続けさせるには、新しい空気を送らなく

てはならない。なぜだろうか、調べてみよう。

実験1　ビンに火のついた炭を入れ、ビンの口を閉じる。

　○火はどうなるだろう。

　○ビンの中の空気は、どんなに変っただろうか。

　ビンの口を少し開いて、火のついた線香やマッチを入れ、火がどんなになるかを見る。

　実験2　二本のビンに、石灰水を $5cm^3$ ずつ入れて、ふたをする。

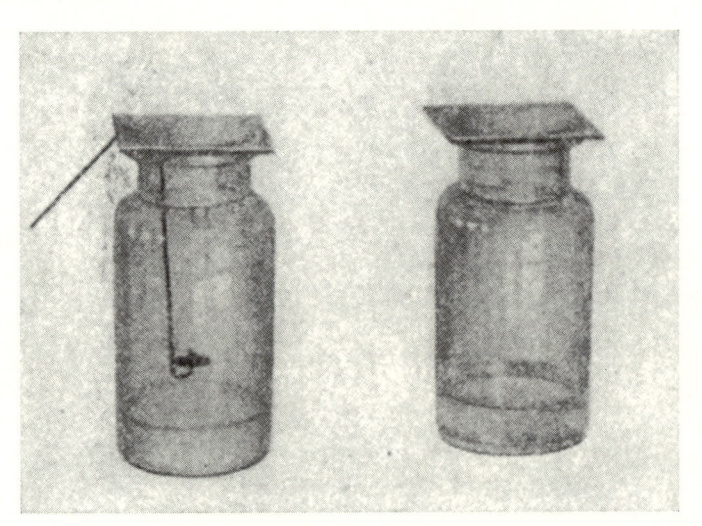

　一つのビンの口を開いて、火のついた炭を入れ、ふたをする。

〇この二つのビンの石灰水のにごり方をくらべてみる。
　どんなに違うか。

これらの実験から、どんなことがわかるか。

炭が燃えると炭酸ガスができる。
　この炭酸ガスが石灰水に吸い取られると、石灰水が白くにごるのである。

実験３　実験１のように、ビンの中に炭火を入れて、ビンの口を閉じる。
　火の消えかかったころ、新しい空気をビンの中に送ってみよう。
　〇火の勢はどんなになるか。

新しい空気の代りに酸素を入れると、火の勢はどうなるだろう。
　この実験から、どんなことがわかるか。

空気は、おもに酸素と窒素とからできている。

[4] 鼻や口から出した空気

　私たちは空気を呼吸している。

　鼻や口から出した空気は、新しい空気と同じものかどうか、調べてみよう。

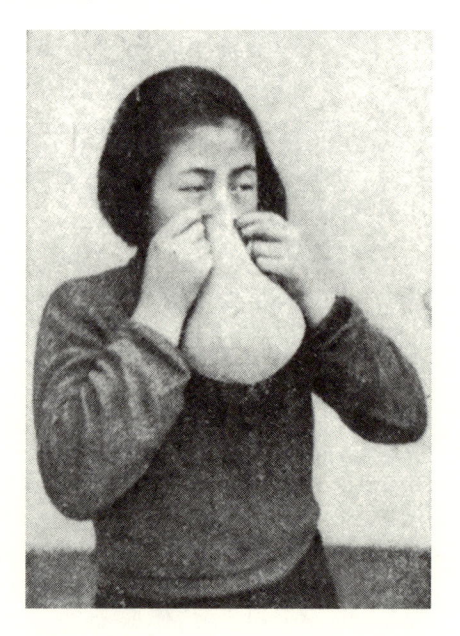

　からの氷嚢を鼻や口にあて、袋の中の空気をくり返し呼吸してみよう。

　○何回呼吸することができるか。

　○呼吸するようすをよく見る。

　この実験で、どんなことがわかるか、氷嚢の中の空気は、どんなに変ったのだろう。調べるには、どうすればよいか、工夫してみよう。

　空気の入れ変らない部屋に、大勢の人がいるときや、炭火を盛んにおこしたときは、どんなになるか。

○気分はどうか。

○空気はどんなに変るだろう。

気分がわるくなったときには、どうすればよいだ
ろうか。

潜水夫が水にもぐったとき、ポンプで空気を送る
のは、なぜだろう。

13 家

13　家

［1］学校の建物

　学校の建物を調べてみよう。どんなことを調べた
らよいだろうか。

　建物を外から見て、建物のおもな部分は何か、考
えてみよう。

　○それぞれどんな役にたっているか。

　屋根について調べてみよう。

　○どんな形をしているか。

　○どんな材料で、できているか。

○雨水はどこへ流れ落ちるようになっているか。

かべについて調べてみよう。
○外側はどんな材料で、できているか。

床下に小さな窓があるか。
○どんなはたらきをするものだろう。

土台について調べてみよう。
○どんなになっているか。
○どんな材料で、できているか。

そのほかのところには、どんな材料が使ってあるか調べよう。

○それらの材料が使ってあるわけを考えよう。

建物の中の大体の間取りを調べてみよう。

○教室はどちら向きか。針磁石で調べてみよう。

○教室とろうかとは、どちらが日の当る側にあるか。そのわけを考えてみよう。

教室やろうかのようすを調べよう。

○窓や回転窓のようすを見る。

○空気抜きのあなはどこにあるか。

[2] 部屋の中の空気

寒くなると部屋の中に火を置いて温める。部屋の中の空気の温まり方を調べてみよう。

図のようなミカン箱の部屋で実験をしてみよう。

実験 1 箱の中程に火のついた炭と線香を置き、ガラスのふたをする。

○線香の煙はどんな動き方をするかをよく見る。

○フラスコの水を温めたときの水の動き方と似たところ
　はないか。

○煙の動くわけを考えよう。

○天井の板、かべの板、ガラスに手をふれてみる。とこ
　ろによって温さに違いがあるか。

○寒暖計で天井の近くや床の近くの空気の温度を計る。
　どのへんの温度が最も高いか。

この実験で、どんなことがわかるか。

しめ切った部屋の中で、盛んに火をおこすと、空
気はどんなになるだろうか。次の実験をしてみよう。

実験2 箱の中に火のついたロウソクを置き、ガラスのふたをする。

　○ロウソクの火はどんなになるか、ようすを見よう。

　○ガラスの代りに障子紙を使うとどうなるだろう。

　この実験で、どんなことがわかるか。そのわけを考えてみよう。

　○ガラスの障子をしめきった部屋で、火を盛んにおこした時、どんなことに気をつけたらよいか。

　実験2でガラスのふたをしたときにも、ロウソクの火が消えないようにするには、どんな仕掛をしたらよいだろう。いろいろ工夫して、実験しよう。

［3］　部屋の明かるさと日当り

学校の部屋の明かるさを調べよう。

なぜ、明かるい部屋と暗い部屋ができるのだろう。

○部屋は、どちら向きか。

○窓の大きさはどうか。

○光をさえぎるものはないか。

暗いところで、長い間本を読んだり、こまかい仕事をしたりすると、目がつかれるからよくない。そのために教室は明かるく作ってある。

日当りのわるい部屋は、暗くて仕事がしにくいばかりでなく、からだによくない。なるべく、日当りのよい明かるい部屋でくらすようにしよう。

ミカン箱で、窓のある部屋を作り、日ざしを調べてみよう。

　○厚紙に窓を切り抜き、これをミカン箱にはりつけてかべにする。

○日が最も長い間さしこんでいるようにするには、部屋をどの方向に向けたらよいだろう。

○針磁石で、部屋の向きを調べよう。

南向きにして日ざしを調べよう。

○部屋の中に日が最もさしこまないのは何時か。日ざしはどんな傾きになっているか。

○その時に、部屋の最も奥まで日がさすようにするには、窓の高さはどれくらいにすればよいか。

夏至の日の正午に、南向きの部屋の中に日がさしこまないようにするには、ひさしをどれくらい出せばよいだろう。

[4] 風通し

このごろは、どちらから風の吹くことが多いだろう。

冬の寒い風が吹きつける側の窓は、どんなにしたらよいだろう。

夏は、どちらから風の吹くことが多いか。

○夏の風通しをよくするには、どんなにしたらよいだろ

う。

14 冬の天気

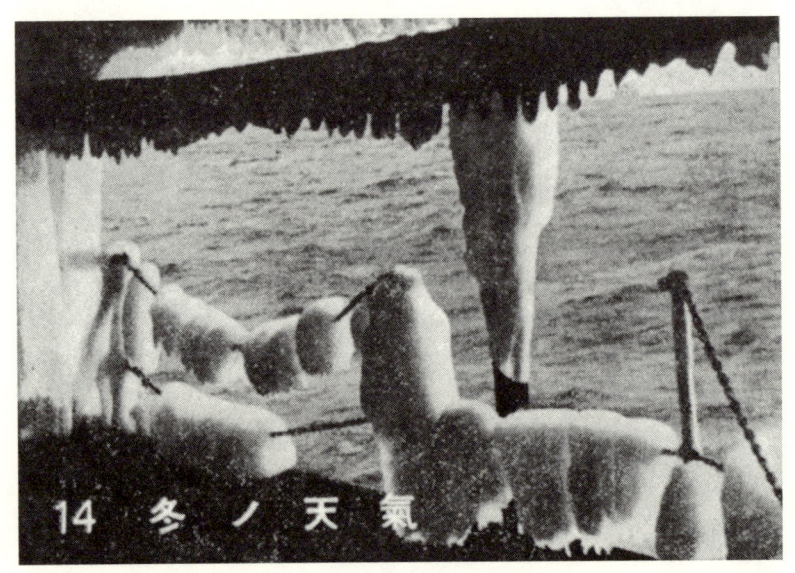

14 冬ノ天氣

[1] 冬至

このごろの季節について、どんなことに気がつく
か。

　○「夏の天気」、「秋の天気」にならって調べてみよう。

　○日の出、日の入りの時刻、その時の太陽の方位、正午
　　の太陽の高さはどうか。

　秋の彼岸から、太陽について調べて来たことをま
とめてみよう。

　昼のいちばん短い日は十二月二十二日か二十三日

であって、この日を冬至の日という。

［2］寒^{かん}

いつから寒になるか、調べてみよう。

寒になると、めっきり寒くなる。去年の暮からどんなに寒くなったか、調べよう。

○気温・水温などが、どんなに変って来たか。

これで、どんなことに気がつくか。

日なたでも、風の吹くところは特に寒い。それはなぜだろう。

氷はどんなところに張っているか、調べよう。

○ところによって、張り具合が違うのはなぜだろう。

氷がとけかかっているところはないか、探そう。なぜ、とけるのだろう。

○氷がとけかかっているところの温度を計ってみよう。

[研究]

1　氷はどんな時に張るか、調べよう。雪や霜についても調べよう。

2　夕方、入れ物に水を入れて、いろいろなところに置いて、あくる朝ようすを見よう。そうして、ところによって氷が張ったり、張らなかったりするのはなぜか、考えよう。

［3］氷と水

氷がとける時のようすを調べよう。

○氷をこまかくくだいて、フラスコに入れ、水を満たす。

○とけるようすを見る。

○温度を計る。

○水面の位置にしるしをつけておき、水面のあがりさが
　りに気をつけること。

フラスコを火にかけて、温めてみよう。

○どんなことが見られるか。

○わきあがるまでの水のようすを調べよう。

○水面の位置はどんなに変るか。

○水の動き方に気をつけること。

○わきあがる時はどんなようすか。

○よくわいている時の温度を計る。

これらの実験から、どんなことがわかるか。

ビンに水を入れて、図のような寒暖計を作ってみ
よう。

○水に赤いインキをまぜておくと見やすい。

○ガラスの管に板切れを結びつけて、目盛りをつける。

○0° と 100° の目盛りをどうして定めればよいか。

○0° と 100° の目盛りがきまったら、その間を十に分けて、10° ごとの目盛りをつける。

作った寒暖計で、これからときどき、気温を計り、教室の寒暖計のしめす温度とくらべてみよう。

水が温まって体積がふえた時、重さもふえているだろうか、調べてみよう。

○作った寒暖計の目方を計っておき、温めてから、もう一度計ってみる。

温める前の水と、温めたのちの水と同じ体積についてくらべたら、どちらが軽いだろうか。

フラスコの水を火にかけて温めた時、底に近い水が上へ上へと動いたのはなぜだろうか、考えてみよう。

［研究］

くだいた氷に塩をまぜると、温度が0°よりも低くなる。温度がどれくらいさがるか、調べてみよう。

○この中へ、水を入れた試験管をつけて、氷を作ってみよ。

15 甘酒とアルコール

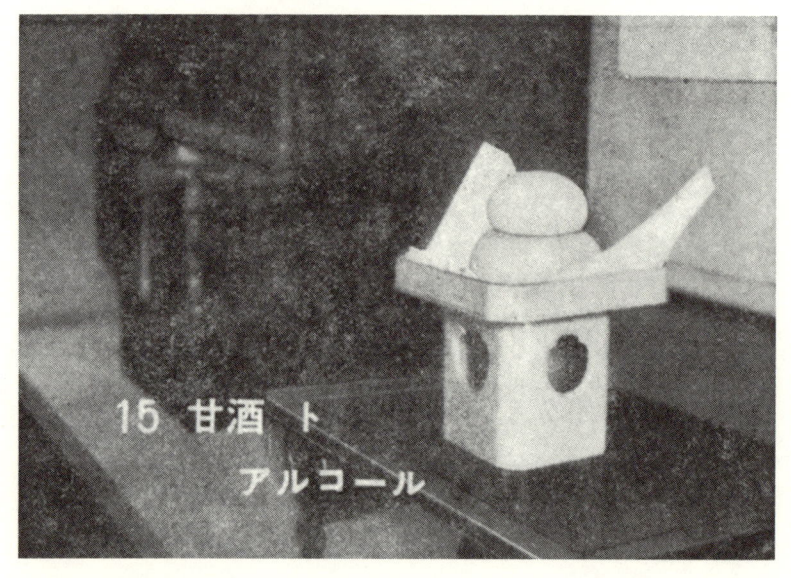

［1］ 餅のカビ

正月の餅はどんなになっているだろうか。餅を調べてみよう。

○どんなカビが生えたか。

○どんなところによく生えているか。なぜ生えやすいのだろう。

冬は、カビの生えやすい季節だろうか。

カビのよく生える季節はいつごろであったか、考えてみよう。

○その季節の特徴はどんなことか。

○そのころは、なぜ、カビが生えやすいだろうか。

私たちの家で、餅をたくわえるには、どんなにしているだろうか。

○どんなにしておくと、カビは生えにくいか。

［2］コウジ

米のコウジを作ってみよう。

餅に生えたウグイス色のカビを取って米にまぜておくと、コウジができる。

○まず、米を洗って水にひたしておく。

○水からあげた米を、御飯蒸でふかす。

○よくふけたかどうか、調べてみる。

○冷えてから、カビをまぜる。

カビがよく生えるようにするには、どうしておいたらよいだろう。

　○夏のような温度にしておくと、よく生えるだろうか。

　○冬のような温度にしたものと、生え方をくらべてみよう。

　○いつになったら、コウジができるだろうか、気をつけてようすを見ることにしよう。

コウジができたらたべてみよう。

　○どんな味がするか。ふかした米の味とどんなに違うか。

コウジに生えたカビはどんなようすか。餅に生えていたのと同じものだろうか。

種コウジにするために、一部はとっておき、このちのようすを見よう。

　○コウジのカビをけんび鏡で見よう。

［3］甘酒

コウジができたら、甘酒を作ろう。

私たちの家では、どんなにして作るか、聞いてみよう。

米の飯にコウジをまぜておくと、甘酒ができる。

このとき、温めておくと、よい甘酒が早くできるという。どれくらいの温度にすればよいか、調べてみよう。

○次のような温度にしておいて、どの温度にしたものが最も具合がよいか、ためしてみる。

（１）部屋の温度

（２）30°ぐらい

（3）60°　ぐらい

（4）もっと高い温度

甘酒ができたら、味を調べてみる。

○米の飯やコウジと甘味がどう違うか。

○なぜ甘味ができるのだろうか。

米にはたくさんのデンプンがふくまれている。デンプンにカビを入れておいたら、甘味ができるだろうか。

次の実験をしてためしてみよう。

実験　コウジに水を加えて、よく振りまぜると、米とカビとがはなれて、カビのまざった水がとれる。この水をデンプン液に入れて、温めておく。

○ときどき、デンプン液を少しずつ取って、ヨードチンキで調べてみる。

○デンプンのなくなったことがわかったら味をみる。

この実験で、どんなことがわかるか。

[４]　アルコール

甘酒の一部を残しておいて、どんなになるか見よ
う。

　○ときどき、ビンの外からようすを見る。

　○ふたを取り、においをかいでみる。

長くおくと、盛んにアワが出て酒のにおいがする
ようになる。

　○気体は何であろうか、たしかめてみよう。

　○液を少し取り、けんび鏡で見よう。

　○どんなものが見られるか。

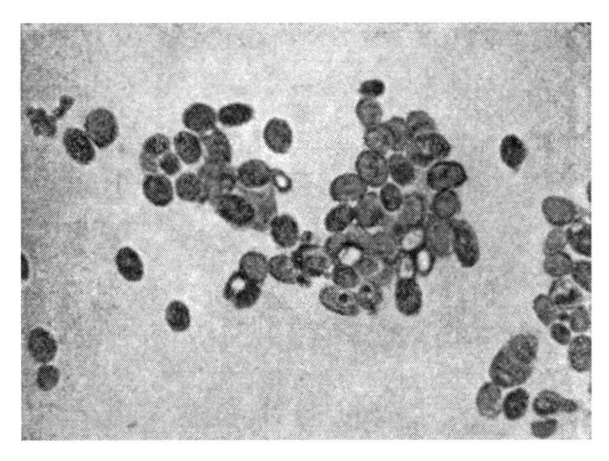

　図のようなコウボ菌が甘酒の中で盛んにふえて、
炭酸ガスを出し、アルコールを作っている。

大体このようにしてできたものをこして酒を作る。

酒はアルコールをふくんでいる。酒は燃えるかどうか、ためしてみよう。

○アルコールがあっても、燃えるものと燃えないものがあるのはなぜだろう。

○燃えるようにすることはできないだろうか。

実験　図のように酒を試験管に入れ、静かにわかす。そのとき出て来る気体を、水で冷した試験管に入れると、どんなことが見られるか。

○冷した試験管に集った液を調べてみよう。何であろうか。

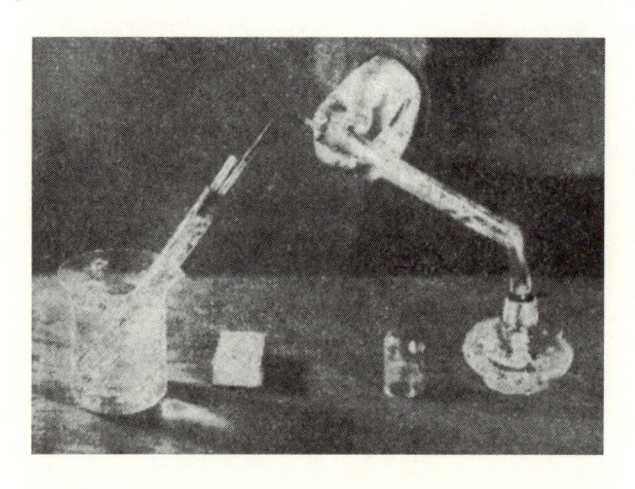

アルコールのわきあがる温度を調べてみよう。

○水とアルコールがまざったものは何度でわきあがるだ
　ろう。

○水にまざったアルコールを、どんな方法で分けること
　ができるか、考えてみよう。

　アルコールは、いろいろなことに使われるが、今、
液体燃料として特に大切なものである。それで、ジャ
ガイモやサツマイモを盛んに作り、そのデンプンか
らアルコールを作っている。

16　私たちの研究

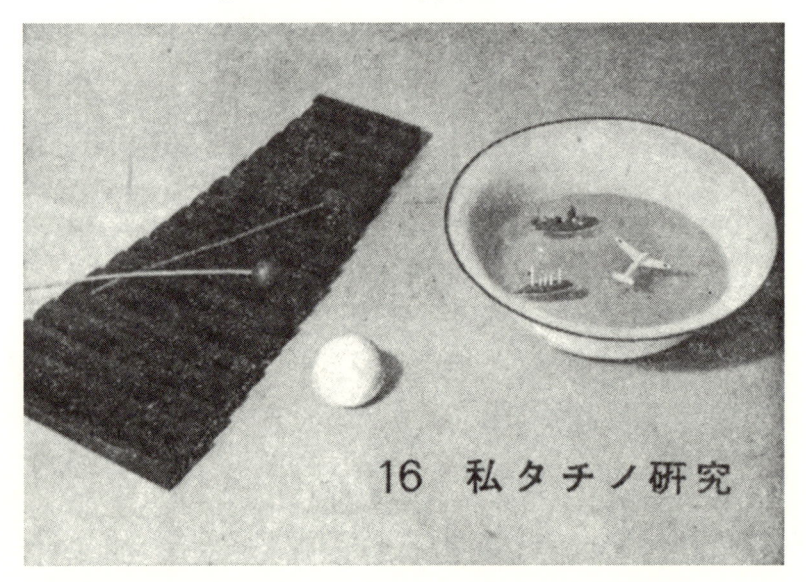

16　私タチノ研究

　今までは、おもにこの本に出ている問題について、いろいろなおもしろい理科の勉強をして来た。

　こんどは、自分で調べたい問題を考えてみよう。次にあげたのは、その問題の例である。

　1　土の中の温度がどれくらいになると、種は芽を出すだろうか。

　2　木琴でいろいろな音が出るのはなぜだろう。板の長さは音の高さと、どんな関係があるだろうか。

　3　オモチャの軽い小船の後に、ショウノウをつけるとよく走るのはなぜだろう。ショウノウの代りになる物はないだろうか。

　4　ゴムマリに、うんと空気をつめこんだときには、どれくらい空気がはいっているだろうか。

　5　梅干には、くさるのを防ぐはたらきがあるのだろうか。

これから、私たちで調べたいことをきめて、研究してみよう。

　○自分一人で研究のできることもあり、友だちと組になってする方が研究しやすいこともある。

「どんなことを調べたいか」

「どんなにして調べるつもりか」

この二つがきまったら、先生に聞いていただいてから、研究を始めよう。

六年生になったら、新しい理科を勉強する間に、
自分で研究したい問題を見つけるようにしよう。

初等科理科　三

1　アサとワタ

1　アサト
ワタ

［1］アサ

アサの織物や糸・ナワ・網などにするせんいは、アサの茎の皮からとる。

畠に種をまいてアサを作り、よいせんいをとろう。

どんな茎からよいせんいがとれるのか、去年の六年生が作ったアサの茎を調べてみよう。

アサをこんで生えさせると、枝分れが少くて、よい茎ができる。

○株と株との間を広くしたのと、せまくしたのとを作っ

て、枝の出方をくらべてみよう。

[２] ワタ

　ふとん綿にしたり、もめんの糸や織物を作ったり
するせんいは、ワタの実の中にできる毛である。

　ワタは暖いところによく育つものである。
　土の中の温度が高くなって来たら、畠に種をまい
て、ワタを作ろう。
　○種を水にひたしたのち、灰を交ぜて、よくもんでから
　　まくこと。

これからも、よい綿がたくさんできるように、よくせわをしよう。

　どんなにしたら、よい綿がたくさんできるか、去年の六年生が作ったワタの枝を調べてみよう。
　○ワタの実はどんなところにつくか。

　秋になってから咲いた花は、寒さのために実にならないから、ワタのしんを止めて、花が早く咲くようにしよう。

2　山と水

[１] 記念の木

入学のときに植えた記念の木はどれくらいになったか。ちょうど五年たっている。その間に私たちも元気で大きくなった。よい場所に植えかえて、いつまでも無事に育つようにしておこう。こんどは、初等科修了の記念になるのだ。私たちも勉強して、りっぱな国民になり、またあいに来よう。

○はじめに植えたときは、どれくらいの大きさだっただろう。

○こんどは、木の高さと、幹のまわりとを計って、書き

とめておこう。

○どれくらい土をつけてほったらよいだろう。

○根はどのへんまでのびているだろう。

○うまく植えて、よくせわをしよう。

[2]「山と水」の報告

第六学年　三組　林　春枝

所　　山川村

日　　昭和十八年四月十日

天気　晴のちうすぐもり

「よみかた」三の「川」を読んだときに、大川が

はじめは小さな谷川であることを知って、いつかは大川の源に行ってみたいと思った。四月の遠足には「山と水」について研究することになったので、長い間の望みのかなうのがうれしかった。調べて来るおもなことは、

1　山の林

2　山の水

3　山の土・石・岩

採集して来るおもなものは、

1　山草園に植える草

2　水

3　土・砂・石

で、私は川のおい立ちについて、気をつけて調べ

て来るつもりであった。

[山の林]

杉の林を調べた。

　きれいな水の流れている谷川をはさんで、杉の林があった。林の中は、日が少しもささないで、しめったつめたい風が吹いていた。

　真直な、同じ大きさの杉の木が行儀よく並んでいるのは、村の人が植えて、せわをしている林だからであった。苗を植えてから、草を刈ったり、下枝をおろしたり、大きくなれば、間の木を切って、すかしたりするのだそうである。

　ここの杉の木は何年ぐらいたっているのだろう。だれかが、木の年輪をかぞえればわかるといったので、皆で切株を探してかぞえてみた。

　直径　　　26cm

　年輪数　31

　これでは、電柱
になる杉の木を一
本作るのも、たい
へんなものだと思っ
た。

　なぜ、一年に一
つずつ年輪ができるのか、ふしぎであった。

　林のへりに来ると、日の光がまぶしかった。そこには、かわいらしいスミレの花が咲いていた。そのほか、いろいろな草が芽を出していた。林の外の方へ向いて葉をひろげているのもあった。どの草も春の光をほしがっているのであろう。林の中は、おもに枯枝とコケばかりであるのは、暗いために草が生えにくいのかもしれない。

　林の外に出ると、谷川にそったところに、水のポ

タポタと落ちているのが見られた。水玉がコケを伝わっては、美しい緑の玉のようにかがやきながら、大きくなった。大きくなったと思うと、ポタリと落ちた。あまりきれいなので、見とれていると先生が「なぜ、水が出るのでしょう」とお聞きになった。私は、雨水が土にしみこんでから出て来るのではないかと思った。雨が降ったときには、はげ山では、どんどん水が流れ落ち、土もいっしょに流れ落ちてしまうが、林があると、葉や枝にたまったり、落葉やコケの間にたまったり、土に吸いこまれたりして、少しずつ流れ、土や砂をおし流すことが少い。それで、山の林は、大水を防いで水源を養い、田の水や水力

電気を起す水が切れないようにする働きをもっているのだそうである。私はふと気がついた。美しい緑の玉だと思った水の一しずくが、長いこと見たいと思っていた大川の水の源であった。

[山の水と土]

　道ばたのガケの岩の間から、水のわき出ているところがあった。青竹を半分に割って、岩の間にさしこんであった。その上を、チョロチョロと、きれいな水が流れて落ちていた。コップにとって、すかして見ると、きれいにすんでいた。飲んでみると、つめたい、おいしい水だった。水の温度を計った。

　　水の温度　　7°

　　気　　温　　12°

　土の中は、まだ、つめたいのであろう。

　道ばたのガケで、山の土・石・岩の出ているのを見た。いちばん下に大きな岩があり、上の方は割れ目がだんだん多くなって角ばった石になり、その上は土と石の交ったものになり、その上には赤い土があり、いちばん上には、木や草の根の交った黒い土

があった。私は、岩がくずれて、土になるのだろうと思った。よく調べてみるために、石と土を持って帰った。

　川かみでは大きな石がゴロゴロしていたが、川しもの川原では、石が少くて、砂と泥が多かった。雨の降ったあとで砂や泥を流すのだろうと思ったが、流れの底をよく見ていると、休みなしに、砂が川しもへ川しもへと流れているので驚いた。

　採集したもの
　1　山草園へ植える草
　　ワラビ・ゼンマイ・フキ・イタドリ・ヨモギ・ヨメナ・セリ
　2　わき水、田の水
　3　ガケの土と石、川の砂と石

［３］「山と水」の研究

　私たちは山へ行ってどんなことを研究しようか。
春枝さんよりも、もっとりっぱな報告ができるよう
にしよう。それには、次のようなことにも、気をつ
けているとよい。

　１　どんな木の林があるか。

　２　植林のほかに、自然に生えている林はないか。

　３　林の木は何に使っているか。

　４　川の水は何に利用しているか。

　５　川しもの水がきたなくなるのは、なぜだろう
か。

　６　林に巣箱が掛け
てあるのは、何のため
だろうか。

　７　林に兎のいたよ
うすはないか。そのほ
かの動物にも気をつけ
よう。

［4］ 学校へ帰ってからの仕事

取って来た草を山草園に植えよう。

○山に生えていたようすを考えて、植えるところを工夫
　しよう。

○野生の草の利用の仕方を工夫しよう。

取って来た水を調べてみよう。

○わき水と田の水と、どんなに違うか。

○ビンに入れてすかしてみる。

○蒸発させてみる。

○ビンに入れて、窓ぎわにおいておく。どんな違いがで
　きるか。

取って来た土・砂・石は「砂と石」の課で調べる
ことにしよう。

3　海と船

［1］海

海へ行こう。

海へ行ったら、どんなことを調べようか。

次のようなことも、気をつけて調べよう。

1　潮のみちひを見る。

○みちひをたしかめるには、どうしたらよいか。

○潮の流れを調べるには、どうしたらよいか。

2　波の働きは、どんなところに現れているか。

3　風の方向を調べる。

4　海水の温度と砂地の温度を調べる。

5　海の生き物を調べる。

○潮だまりや石の下や砂地には、どんなものがいるか。

○なぎさには、どんな藻や貝が打ちあげられているか。

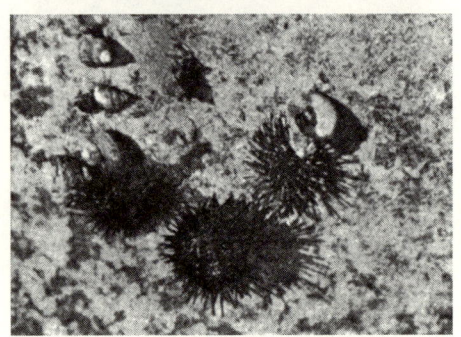

6　海岸の岩のようすを調べる。

○岩がこわれるとどうなるか。

○岩と砂とをくらべてみよう。

7　海水の中にはどんなものがあるか。

私たちが海で調べて来ることの計画をたてよう。

○何を用意したらよいか。

○どんなものを持って帰って調べようか。

海へ行く日をきめるには、大潮の日とひき潮の時刻とを調べて、計画をたてるがよい。

○どんなにして調べたらよいか。

［2］　潜水艦

卵のカラで潜水艦を作ってみよう。

○図のように、小さなあなをあけて、なかみを出したものを使う。

卵のカラを水に浮かしてみよう。

○どんなようすか。

卵のカラを手でおさえて水に沈めてみよう。

○あなから水がはいらないようにすること。

○どんなに感じるか。

○水の中で手を離してみる。どんなになるか。

卵の浮きあがろうとする力を計ってみよう。

○砂を少しずつ入れては水に浮かし、砂を入れた卵の重
　さと、卵の浮き沈みのようすとに気をつける。

○水がはいらないようにすること。

○半分沈んだ時は、何グラムあるか。

○何グラムぐらいになったら、全部沈み始めるだろう。

○卵の浮く力は何グラムあるか。

卵の浮く力と体積とはどんな関係があるか調べて
みよう。

○卵の体積を計ってみよう。どうしたら計れるか。

○いくらあるか。

○大きな卵と小さな卵とについて、浮く力と体積との関
　係を調べる。

○どんなことがわかるか。

　卵のカラが沈み始めるようになったら、次のように
にして、潜水艦を作ろう。

　○キビガラとマッチの棒で司令塔と潜望鏡を作り、パラ
　　フィンでつける。

　○卵のカラのあなは、水がはいらないようにふさぐ。

　○潜水艦の重さを横腹に書く。

　○軍艦の大きさは排水トン数といって、軍艦を水に浮か
　　したとき、おしのけた水の重さであらわす。

　○排水トン数は軍艦の重さとどんな関係があるか。

［研究］

　1　浮いたり沈んだりする卵のカラの潜水艦を作っ
てみよう。

○卵の横に小さなあ
　なを二つあけてな
　かみを出すこと。

○卵のカラを水の中
　に入れ、潜望鏡の
　先が水の上に出る

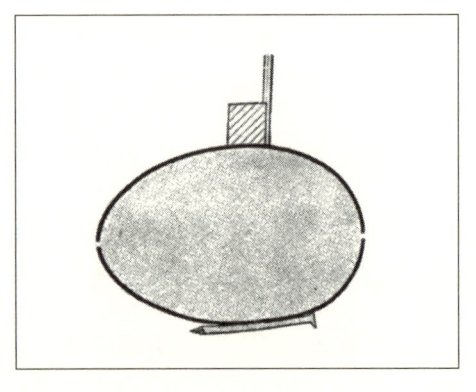

ようにかげんして、あなはふさがないでおく。

○水の温度が変ると、潜水艦の浮
　き方がどんなに変るか。そのわ
　けは、次の問題を研究して考え
　よう。

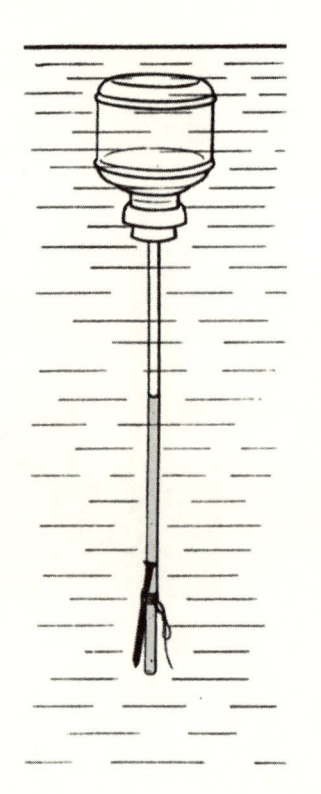

2　ビンが浮いたり沈んだり
するようにしてみよう。

○ビンに、次の図のように、ガラ
　ス管をつける。

○中の空気の量をかげんして、ビ
　ンが水面の近くに浮いているよ
　うにする。

○水の温度が変ると、ビンが浮い

たり沈んだりするのはなぜか。ガラス管の中の水面の
あがりさがりに気をつけて、そのわけを考えてみよう。

3　2の研究に使ったビンで、寒暖計を工夫して
みよう。

○作り方は次の図を見て考えよう。

○ビンの中の水は多くしないこと。

○水のあがり方がよく見えるように
　するには、どんなにしたらよいか。

○ガラス管とセンの間や、ビンと
　センの間から空気がもれないよ
　うにすること。

○温度があがると、なぜ、水がガ
　ラス管をあがるのだろう。

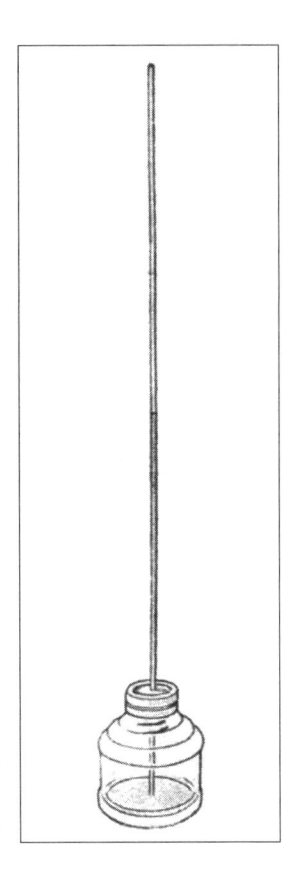

[3] 重さくらべ

卵のカラは砂をどれだけ入れ
ると、沈み始めるか。

○砂の代りに水を入れると、どうか。

○砂と水の体積は、どんなに違うか。

実験1　図のように、試験管に水を $10cm^3$ 入れて、水に浮かしてみる。

　○どこまで沈んだか、しるしをつけておく。

　○水の代りに海水を入れて、しるしのところまで沈ませる。

　○海水の体積はいくらか。

　○海水の代りにアルコールを入れ、同じように調べる。

　この実験で、どんなことがわかるか。

おのおの $1cm^3$ ずつについて、その重さを考えてみよう。

　○水 $1cm^3$ の重さは何グラムか。

　○海水 $1cm^3$ の重さは何グラムか。

　○アルコール $1cm^3$ の重さは何グ
　　ラムか。

　○海水の重さは水の重さの何倍か。

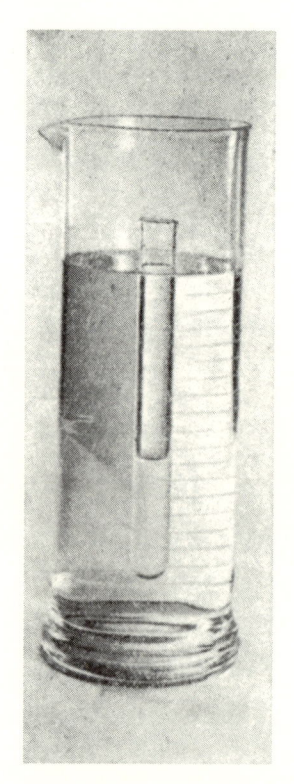

　このように、ある物の重さが同じ体積の水の重さの何倍であるかをあらわす数を、その物の比重と

いう。

　○アルコールの比重はいくらか。

　砂の比重はいくらだろうか。同じようにして計ってみよう。

　○砂の体積はどうして計ったらよいだろう。

　液体の比重を計るべんりな方法を工夫してみよう。

　実験２　実験１のように、水を入れた試験管を水に浮かしてみる。

　○どこまで沈んだか、しるしをつけておく。

　○次に塩水に浮かしてみる。どこまで沈んだか、しるしをつける。

　○水に浮かしたときと沈み方が違うのは、なぜだろうか。

　○次の二つの考え方のうち、

どちらがよいと思うか。

1　水のはいっている試験管に浮く力がある。

2　まわりの水や塩水に浮かす力がある。

浮かす力は、比重の大きな液体と小さな液体と、どちらが強いか。

実験2にならって、液体の比重を計る道具を工夫してみよう。

比重計はいろいろな液体の比重を計るのに、べんりなものである。

○図のようなところの目盛りを読めばよいように作ってある。

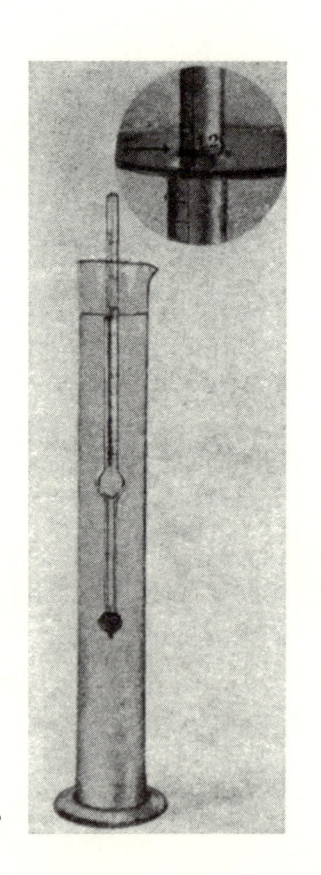

比重計を水に浮かして、倒してみよう。

○どんなことがわかるか。

○坐りがよいのはなぜだろう。

○重心の位置と関係があるだろうか。

　水の中では、どんなものが坐りがよいか、調べて
みよう。

実験3

（イ）試験管に水を入れ、センをして水に浮かし、
坐り具合をみる。

　○重心はどのへんにあるか。

（ロ）水の代りに、水と同じ重さの砂を入れて、
坐り具合をみる。

　○重心はどのへんにあるか。

（ハ）水の代りに、水と
同じ重さの鉛を入れて、
坐り具合をみる。

　○重心はどのへんにあるか。

（ニ）試験管の中の鉛を
糸で少しずつ引きあげて、
坐り具合をみる。

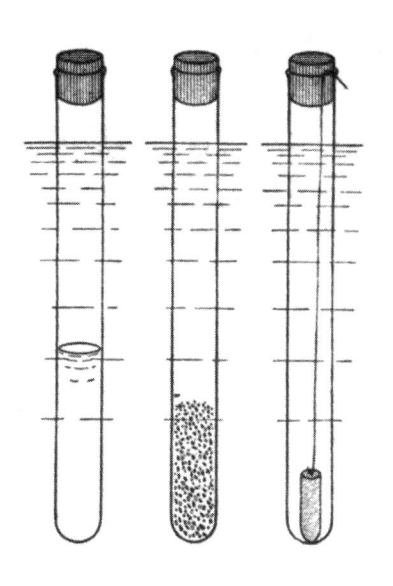

○どんなことがわかるか。

これらの試験管を水から出して、机の上に置いてみる。坐りはどうか。

これらの試験管が水の中で坐りがよいのはなぜだろう。

[研究]

1　いろいろな物の比重を計ってみよう。計り方を工夫すること。

2　海で泳いだときは、川や池で泳いだときよりも、からだが浮きやすいのはなぜだろう。

[4]　船

私たちが作った船の排水トン数を計ってみよう。

軍艦や汽船の底が赤く塗ってあるのは、鉄のサビを防ぐためである。

○どこから下を赤く塗ればよいか。

　私たちが作った船は、安定がよいかどうか、調べてみよう。

○重心はどのへんだろう。

○船に荷物を積み、安定の具合をみる。重心の位置はどう変るか。

○重心がどのへんにあると安定がよいか。

［研究］

　渡し舟に大勢の人が乗っているとき、舟がゆれたのに驚いて、皆が立ちあがると、舟はひっくりかえりやすい。なぜだろうか。

4 砂と石

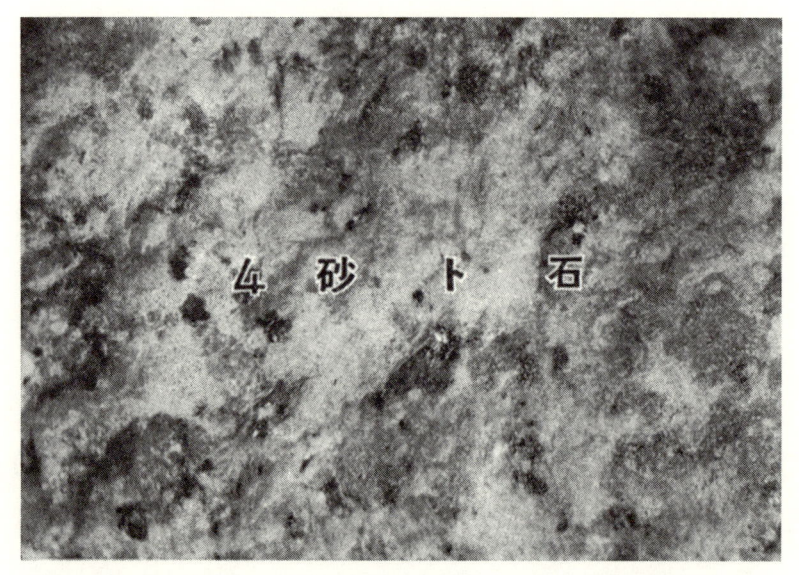

山と海から取って来た砂や石を調べてみよう。

山の土は、石がくだけて、こまかくなってできた ものか、たしかめてみよう。

○石をくだいて粉にする。

○どんな粉ができ たか、調べてみ よう。

○粉の粒には、色 や形やツヤに特 徴のあるものは

ないか、気をつけてみる。

〇粉の粒を、まだ、くだかない石とくらべてみる。

〇石はどんなものが集ってできているか。

山の土を水に入れてゆすり、ねんどと砂に分けて、この砂を川の砂や石の粉とくらべてみる。

〇同じようなものがあるか。

〇川の砂はどうしてできたものだろうか。ねんどが少いのはなぜだろう。

砂や石の粉をもっとこまかにつぶして、ねんどのようなものができるかどうか、ためしてみよう。

山の砂と海の砂とをくらべてみよう。

〇形にはどんな特徴があるか。

〇形に違いがあるのはなぜだろう。

砂は、どんなものが交ってできているか、調べてみよう。

　○塩酸に入れてみる。ようすの変るものはないか。

　○焼いてみる。ようすの変るものはないか。

　○磁石で砂をかきまわしてみる。つくものはないか。

5　私たちのからだ

親から受けついだからだを丈夫に育てて、国のために働こう。

私たちのからだは、日に日に育っている。この時に、からだを正しく使い、よくきたえなければ、丈夫なからだにならない。

からだのいろいろなところが、どんな働きをしているかをわきまえて、からだをもっと丈夫にしよう。

［1］呼吸

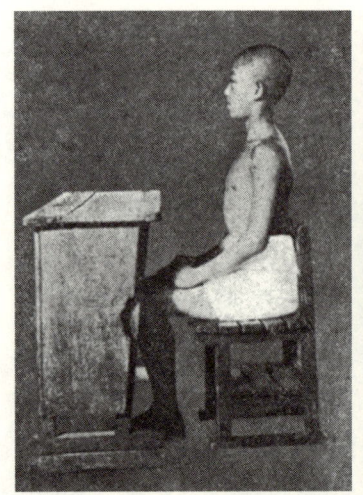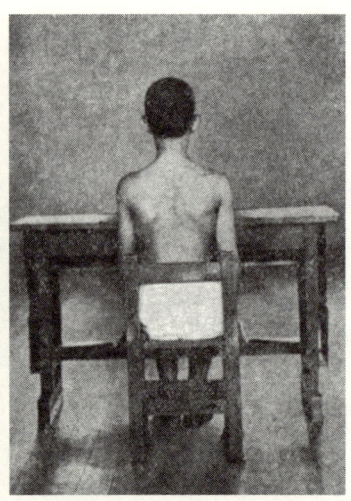

　図のように、正しく腰をかけて、静かに息をして
みよう。

　息をする時、胸や肩がどんなに動くか、調べよう。

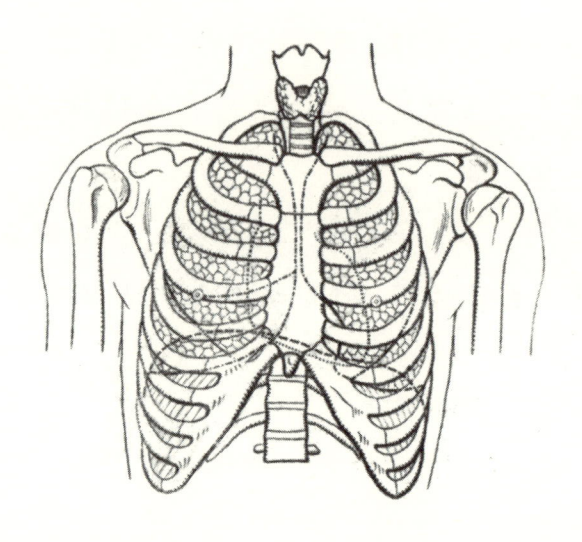

○どこが動くか。手をあててみよう。

○自分のからだで調べたり、友だちのからだで調べたり
　しよう。

正しく立って、深い息をしよう。

○胸や肩の動き方は、普通の息の時と、どんなに違うか。

○はき出す息の分量はどれくらいか、計ろう。

　はき出した息は、吸った息と同じものだろうか、
調べてみよう。

　息をする時の注意

　1　口から息をすると、空気の中のゴミやホコリ
が肺へはいってしまう。鼻から息をすると、このゴ
ミやホコリは鼻の中の毛や、まわりのしめったとこ

ろについて、空気はきれいになる。口をつむって、鼻から息をしよう。

2　部屋をしめきっておくと、空気がわるくなる。なるべく窓をあけて、外の空気を吸おう。

3　普通の息では、肺の奥の方の空気は入れかわらない。ときどき深い息をして、きれいな空気を胸いっぱいに吸おう。

［2］脈

手くびを指でおさえてみよう。

○脈は一分間にいくつ打つか。

左の乳のところに手をあててみよう。ドキドキと打っているのは心臓である。

○一分間にいくつ打つか。

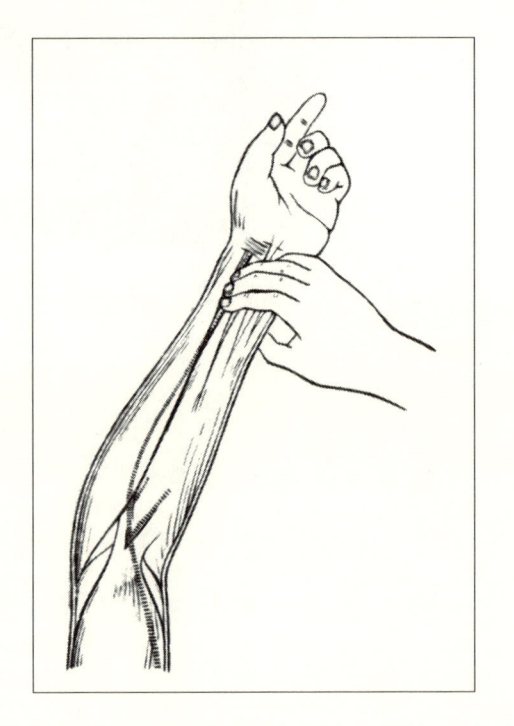

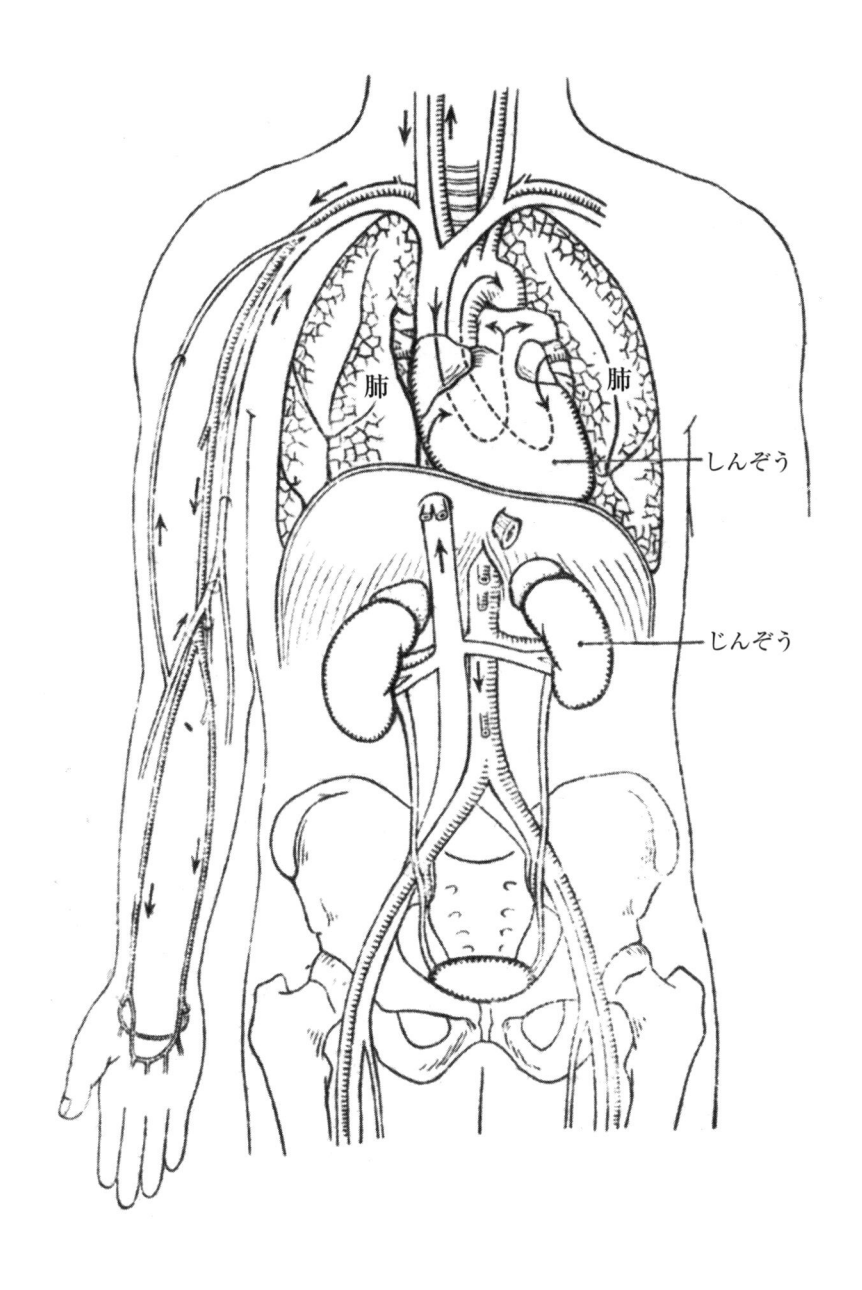

肺　　肺

しんぞう

じんぞう

この両方の数をくらべてみよう。

○どんなことに気がつくか。

心臓がこどうを打つごとにおし出された血は、血管を通ってまた心臓へ帰る。

○血管はどこにあるか。からだの外からわかるところはないか、気をつけて見よう。

[3] よいたべ方

静かに、よくかんでたべると、たべ物がよくこなれて、からだが丈夫になる。

ジャガイモをたべてみよう。

○胸につかえないようにするには、どうしたらよいか。

○ツバと湯とは、はたらきがどんなに違うだろうか、調べてみよう。

実験　イモをたべてから、口を湯ですすいで、一つの皿にはき出す。ほかの皿の上で、イモを少しつぶして、湯をよく交ぜる。この二つの皿のデンプンのようすを調べる。

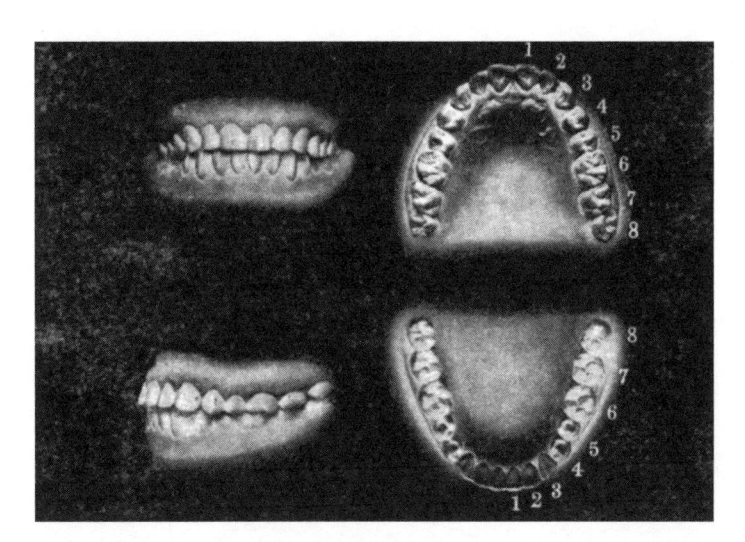

　よくかむには、よい歯がそろっていなくてはならない。

　自分の歯や、友だちの歯を調べよう。

　〇まだ、抜けかわらない歯はないか。

　〇ムシ歯はないか。自分の身体検査表のムシ歯のところを調べよう。そこの数字はどんな意味か。

たべる時の注意

　１　手はいろいろな物にさわるから、病気を起す細菌のついていることがある。食事の前には、かならず手を洗おう。

　２　野菜には、カイチュウの卵のついているもの

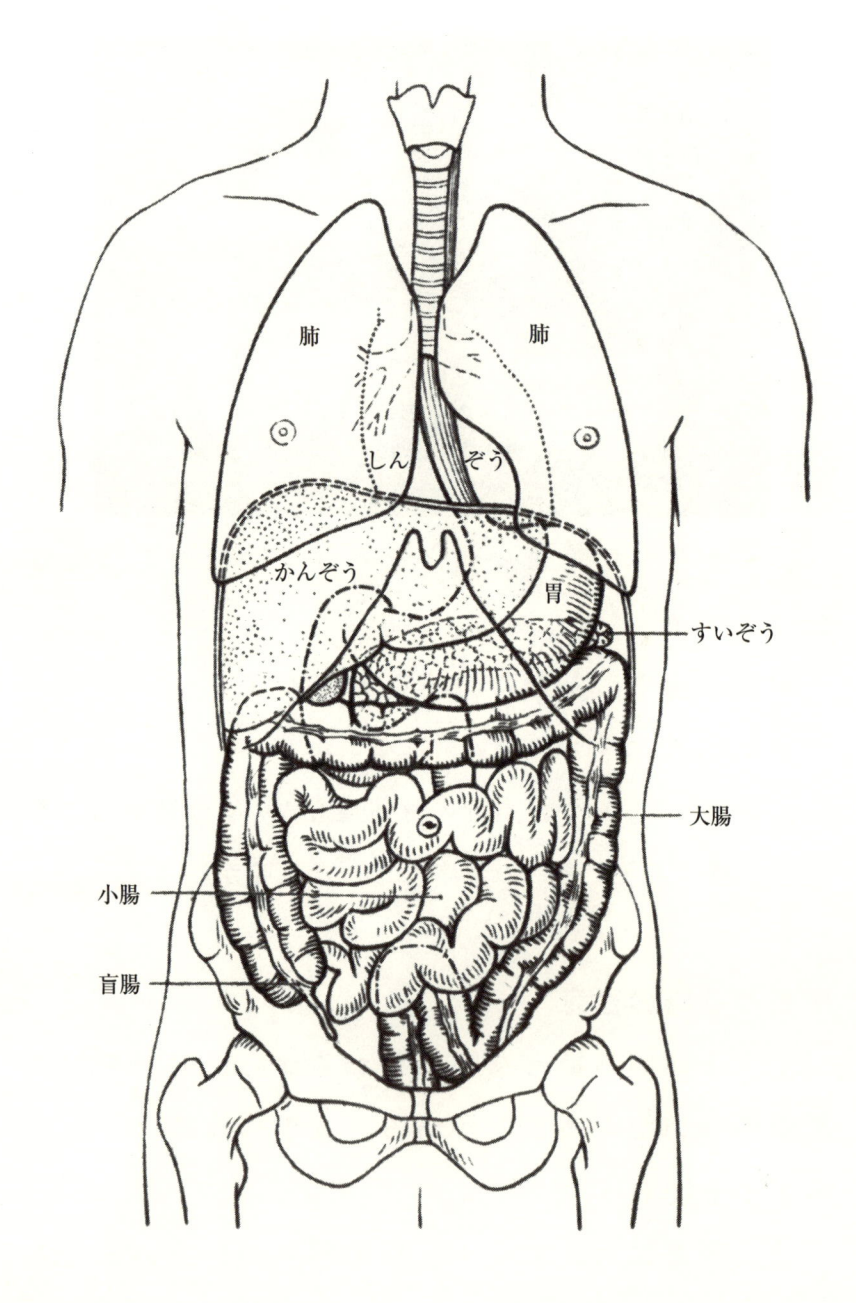

肺　　肺

しん　ぞう

かんぞう　　胃

すいぞう

大腸

小腸

盲腸

があるから、野菜はきれいな水でよく洗ってたべよう。

　3　からだを丈夫にするには、いろいろな物をたべなくてはならない。すききらいせずにたべることが大切である。

　4　どんなによいたべ物でも、こなれなくては役にたたない。おちついて、よくかみ、ツバをよく交ぜてよくこなれるようにしよう。

　5　たべ物が胃へはいると、胃はもむようにして盛に働く。その時、たくさんの血が胃のまわりに集って、からだの、ほかのところには血が少くなっている。食事のあとは、しばらく休むのがよい。

6　歯の間にたべ物がながく残っていると、く
さって、ムシ歯になりやすい。寝る前や起きた時には、
かならず歯をみがこう。

[4] ほどよい運動

からだを丈夫にするには、ほどよい運動をしなけ
ればならない。

けんすい運動をしよう。

○何度もくり返している間に、自分のからだのようすが
　どんなに変るか、気をつけよう。友だちのようすにも
　気をつけよう。

○腕のようすは、どんなに変るか。

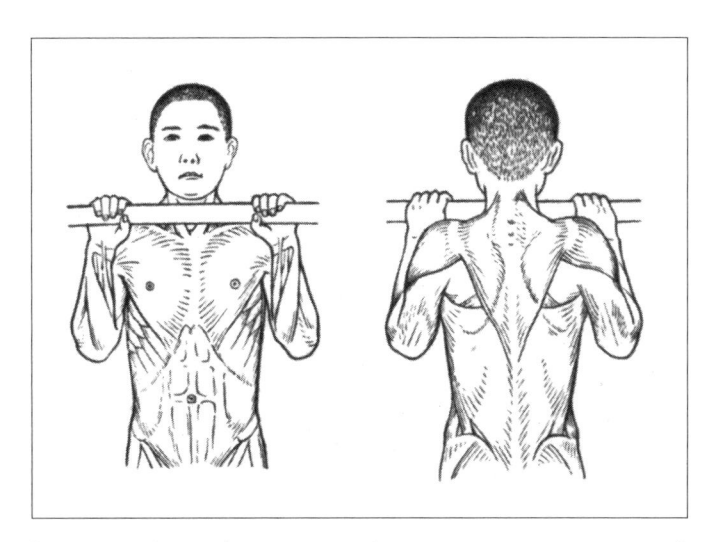

○息やこどうや脈がはげしくなるのは、なぜだろう。

○顔が赤くなるのは、なぜだろう。

○汗が出るのは、なぜだろう。

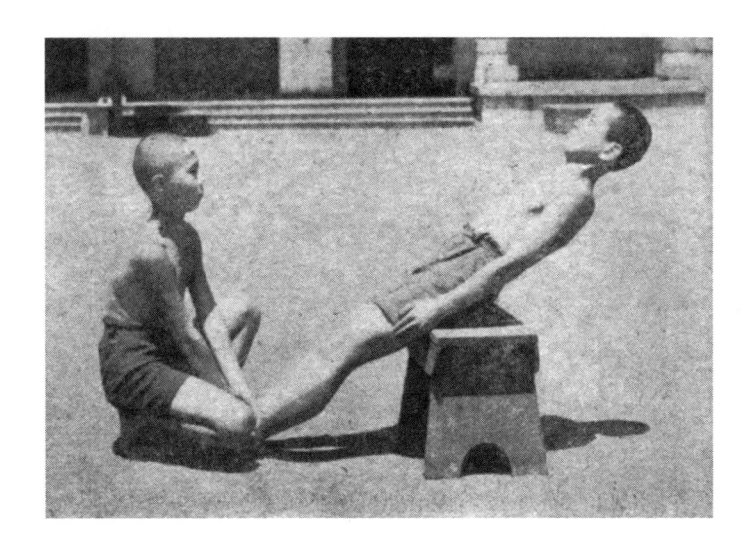

腰をかけて、足先をささえ、からだを後へ倒す運動をしよう。

　○友だちのからだのようすをよく見よう。いろいろなところの肉のようすは、どんなになるか。

運動のあとの注意

　運動している時は、血のめぐりがよくなって、肉が働くのにいる物を盛んに送り、肉の中にできたいらない物を運び去る。つかれたと感じるのは、このいらない物がまだ肉の中に残っているからである。運動をしたあとは、よく休んで、つかれを直そう。湯にはいり、また、よく眠ると、つかれが直る。

［5］よい目

　自分の目をよく見よう。友だちのも見せてもらおう。

　ひとみを調べてみよう。

　○明かるい方を見たり、暗い方を見たりしよう。

　○ひとみはどんなに変るか。

　○それはなぜだろう。

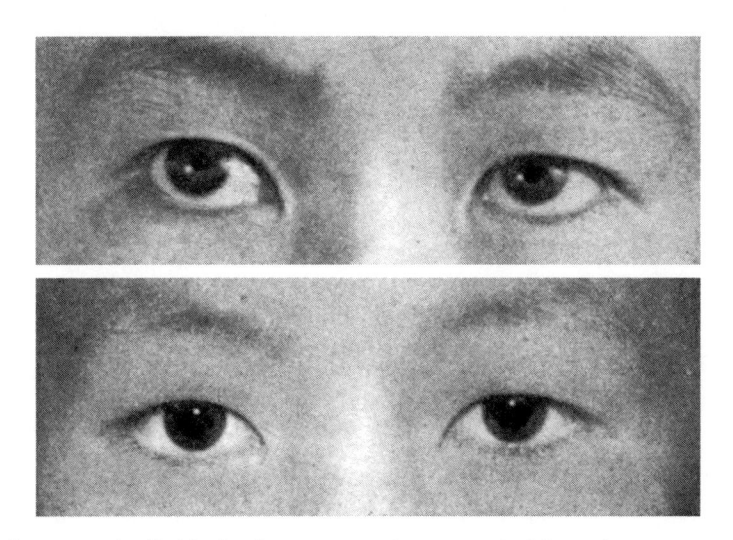

自分の身体検査表の目のところを見よう。

○病気はないか。

○視力の数字はどういう意味か。

　視力検査表を見て考えよ。

私たちは近目にならないように、よく気をつけよう。

　　　　　　　────────────

目を大切にする注意

　1　目が赤くなったら、すぐ見てもらい、手あてを受けよう。

　2　近目にならないようにするには、まず、から

だ全体を丈夫にすることが大切である。それには、たべる時の注意をよく守り、毎日規則正しく、外で運動をして、よく眠るがよい。

3　本を見たり、こまかな仕事をしたりするときには、次のことに気をつけよう。

○姿勢を正しくすること。

○うす暗いところや、光のキラキラとするところをさけること。

○ときどき休み、ほどよい運動をすること。

4　近目になってからでも、上のような注意を守れば、あまりわるくならない。

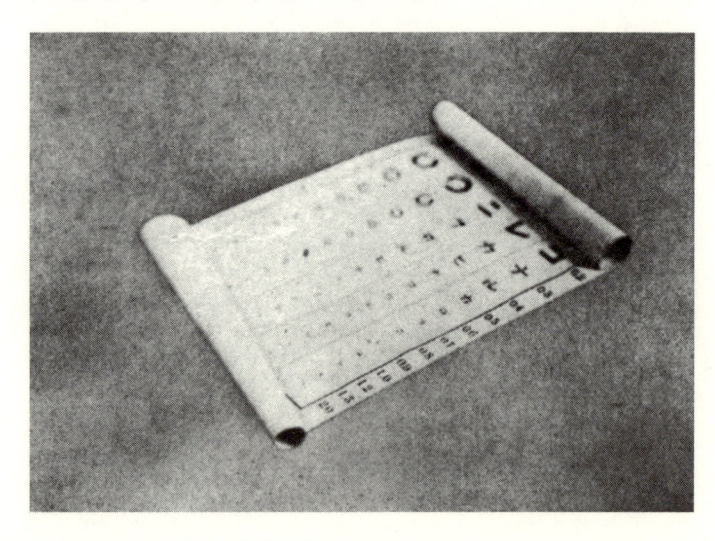

［6］よい耳

かすかな音を聞く方法を工夫してみよう。

○時計の音を聞いてみる。どこまで離れると、聞えなく
　なるか。

○どうすれば、また聞きとれるか。

　かすかな音を長く聞き続けているとつかれる。そ
の時、ほどよい運動をしたり、しばらく休んだりす
れば直る。

耳を大切にする注意

1　耳アカを取ってもらうこと。

2　耳に水がはいったら、すぐ出すこと。

3　鼻を強くかまないこと。

　私たちのからだをもっと丈夫にするには、上のいろいろな注意をよく守らなくてはならない。何よりも大切なことは、

　よく運動すること、

　よくたべること、

　よく眠ること、

　そうして、毎日規則正しい生活をすることである。

　私たち一人一人のからだがもっと丈夫になれば、それだけ国が強くなる。

6　アサの刈りとり

アサの下葉が落ちて、畠の中が明かるくなったら、刈りとろう。

まばらに生えているアサと、こみ合って生えているアサとでは、葉の色づき具合や枝の出方はどう違うか。

○なぜ違うのだろうか。

○畠のへりにあるのと、中の方にあるのとをくらべてみよ。

せんいをとるにはどちらがよいか。

種をとるにはどちらがよいか。

まばらに生えているアサは、残しておいて、種をとることにしよう。

○実になるところはどこか。これからも、気をつけていて見よう。

せんいをとるアサは根もとから刈りとろう。

茎の皮をはいで、調べてみよう。

○まず、葉の形やつき方に注意しながら、葉をつみとる。

○皮を、なるべく、いためないようにはいで、ねんど板の上にのせ、竹のヘラでカスをかき落す。

　残ったアサは干しておいて、あとで、せんいをとろう。

　アサを刈りとったあとは、切株をかたづけて、ハクサイの種をまこう。

7 自転車

7　自　轉　車

　自転車は、日ごろ私たちを助けて働いている。自転車がよく走るようにするには、自転車の構造や、いろいろな部分の役目をよく知っていなければならない。

　よく手入れをして、どの部分もよく働けるようにしよう。手入れをしながら、どんな働きが私たちを助けているか、調べてみよう。

　なぜ、楽に運べるのだろう。

　○ブレーキをしめたままで、引張ってみよう。

前の車を調べよう。

○車をはずして、心棒のそうじをすると、どんなにまわりやすくなるか調べよう。

○心棒のまわりにはいっている玉は、どんな働きをしているだろう。

心棒を水平に持って、車をまわしてみよう。

○手ごたえはどうか。

心棒を傾けてみよう。

○車が止っているときと、まわっているときと、どちら
　が傾けやすいか。

ハンドルとふたまたを調べよう。

○ふたまたには、どこに玉がはいっているか。

○玉の手入れがすんだら、ふたまたを取りつける。

ハンドルの働きを調べよう。

○ハンドルを取りつけないで、ふたまたをまわしてみる。

○ハンドルを取りつけてまわしてみる。なぜ、楽にまわ
　すことができるのだろう。

ブレーキを取りつけよう。

○力の伝わり方を調べる。

○なぜ、ブレーキをしめると車がまわらなくなるのか。

　自転車では、なぜ楽に早く走ることができるのだ
ろう。そのわけを調べてみよう。

○クランクと車との回転数を調べてみよう。

○くさりで連なっている大きな歯車と小さな歯車との回

　転数が違うのはなぜだろうか。

○歯車の歯数を数えてみよう。

○大きな歯車の一回転で、車はどれだけ進むか。

○車の直径を計ってみる。

クランクの働きを調べてみよう。

○心棒に近いところを持ってまわしてみる。遠いところ

　を持ってまわしてみる。どんなに違うか。

○クランクがどの位置にあるとき足でふむと、最もきき

　めがあるか。

後の車を調べてみよう。

○車のまわる勢がつくと、歯車が動かなくても、車だけ
　が自由にまわるのは、どんな仕掛がしてあるのだろう。

○取りはずしてあるもので調べる。

乗心地がよいのはなぜだろう。調べてみよう。

○腰掛をはずして構造をみる。

○タイヤの空気を抜いてから、乗ってみる。

タイヤをはずして、内袋を調べてみよう。

○ポンプで空気を入れよう。

○空気を入れた口にセンをしなくても、内袋の空気がも

れないのは、どんな仕掛があるのだろう。

さけた内袋を直してみよう。

○空気のもれるところをどうして見つけるか。

○さけたところは、どんなになっているか。

○直せたら、空気がもれなくなったかどうかを、たしか

　めよう。

内袋をタイヤの中におさめ、取りつけがすんだら、

タイヤを洗おう。

○タイヤには、なぜデコボコがあるのだろう。

○タイヤをぬらしたままで、車をまわしてみよう。水は

　どちらの方向に飛ぶか。

○飛ぶ水玉を泥よけで受けることができるかどうか、た

　めしてみよう。

自転車の骨組みを調べてみよう。

○大体、どんな形になっているか。

○なぜ、こんな形になっているのだろうか、竹でこんな

　形を作って調べてみよう。

骨組みの金物を調べてみよう。

○軽くたたいてみる。

○中はどうなっているだろう。

[研究]

1　自転車に乗ってみよう。これからは、誰でも自転車に乗れるようにしよう。

2　自転車が走っているとき、たおれにくいわけを考えよう。

3　自転車の骨組みを作っている金物が、なぜ管になっているか、実験をしてたしかめよう。

　○ムギワラ・ヨシ・竹などのように管になったものを使い、両方の端を図のようにささえ、まんなかにおもりを下げる。

　○管をつぶさないとき、どれだけの重さのものをささえることができるか。
　○管をつぶしたときは、どうだろう。

4　車のあるものは、ないものより軽く動く。どれくらい軽くなるか、実験してたしかめてみよう。

　○図のように、机の上に厚い板を置き、ゴムはかりで引いてみる。何グラムの力で引くことができるか。

○板の下に、コロを入れて引張ってみる。こんどは何グラムの力で引くことができるか。

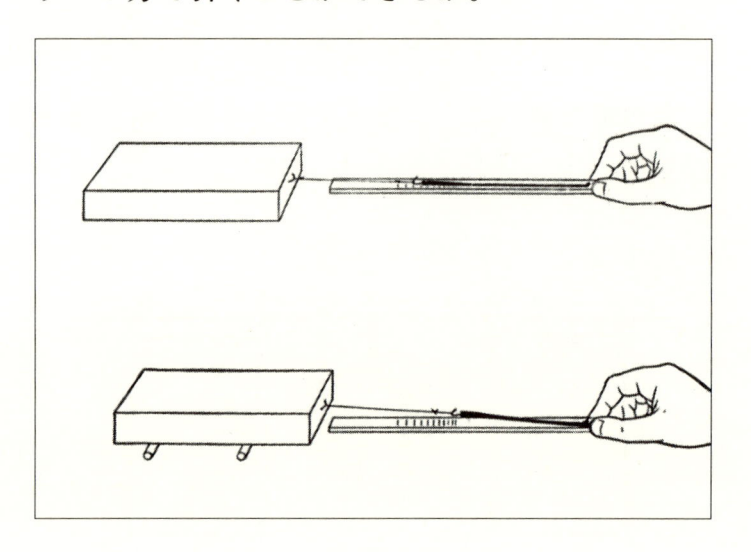

8　電燈

電燈をつけてみよう。

電気が、コード・ソケット・電球へ伝わって行く道すじを調べてみよう。

まず、ソケットを調べよう。

　○注意して調べるところ

　　（1）コードのつき方

　　（2）スイッチの構造

　　（3）電球をねじこむところ

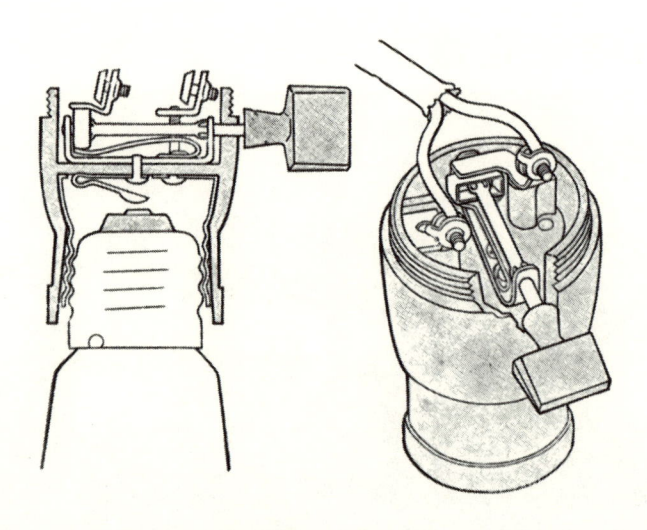

（４）スイッチと電球をねじこむところとのつながり方

ソケットの上のふたをとったまま、コードをつなぎ、電球をねじこんで、電気を通してみよう。

〇スイッチで電燈をつけたり消したりして、スイッチの働きや、電気の通る道をたしかめる。

電球を調べてみよう。

〇注意して調べるところ

（１）口金と中の針金とのつながり方

（２）タングステン線のようす

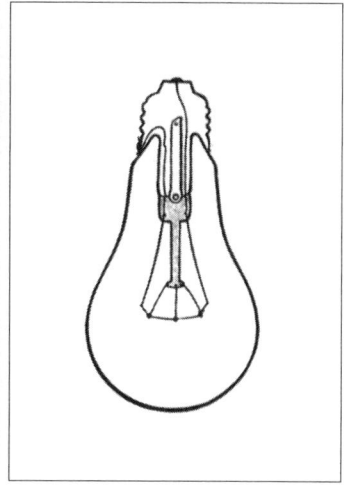

　電気を通すと、タングステン線が光り、電球が熱くなるのはなぜだろう。

　実験1　長さ10cmぐらいの細い鉄の針金を電池につないでみる。

　同じぐらいの太さで、同じ長さの銅線とかえてみる。どう違うか。

　コードを調べてみよう。

　○中はどんなになっているか。外から少しずつほぐしてみる。

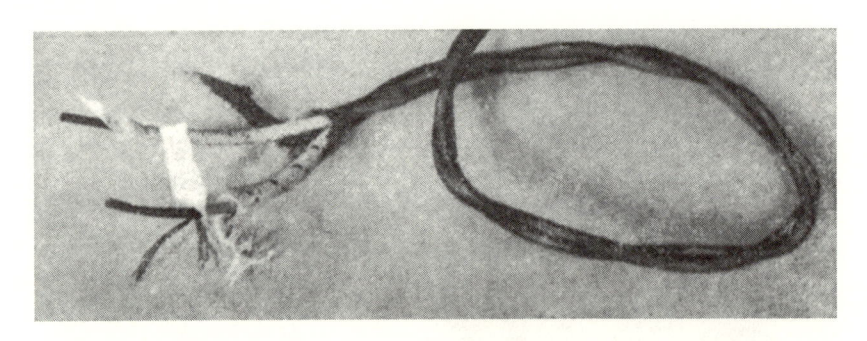

　針金のまわりに、ゴムや糸が巻いてあるのは、ど
ういうわけだろう。

　○ゴムがかぶせてあるところを、ソケットにつないで、

　　電気を通してみる。

　○電燈はつくか。

　○ゴムはどんな働きをしているのだろう。

　ソケットにコードをつなぐとき、どんなことに注
意しなければならないだろうか。

　実験2　図のように、ソケットとコードとの間に、
いろいろな物をつないで、どんなものが電気をよく
通すか、調べる。

　○電気をよく通す物と通さない物とに分けよう。

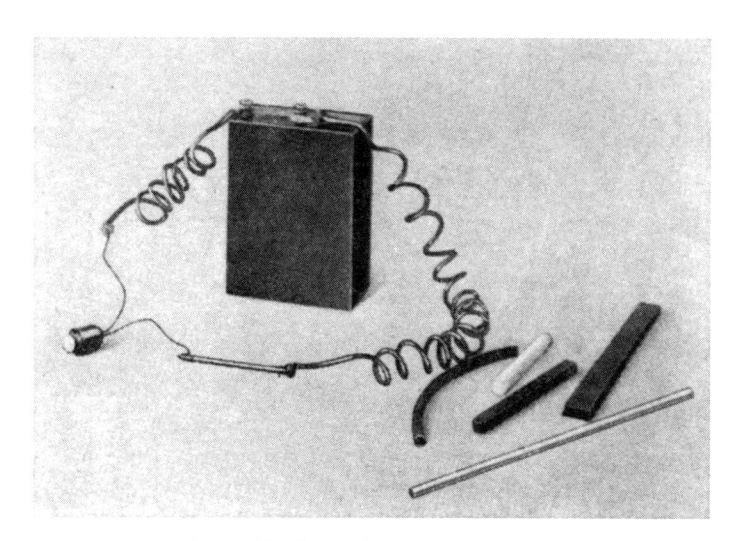

　コードには太い針金を使わないで、細い銅の針金をたくさんたばにして使ってある。なぜだろう。

　私たちの家には、外から電線が引きこんであるところに、図のような開閉器がある。
　開閉器を調べてみよう。
　○どんなになっているか。
　○電気はどう伝わるか。

　鉛のような色をした、やわらかな針金はヒューズという、とけやすい金物である。
　開閉器はどんな役にたっているか調べてみよう。

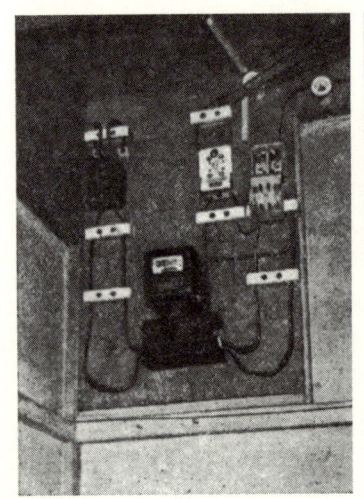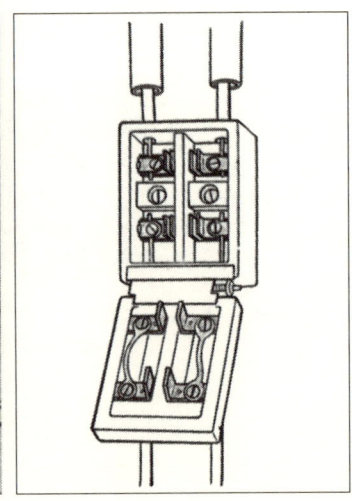

　実験3　実験2にならって、ソケットとコードとの間にヒューズをつないでみる。ヒューズはどうなるか。

　ソケットをのけてつないでみるとヒューズはどうなるか。

　電気アイロンなどをつけたとき、家中の電燈が消えることがある。なぜだろう。開閉器を使わないと、どんなきけんがあるだろうか。

9　きもの

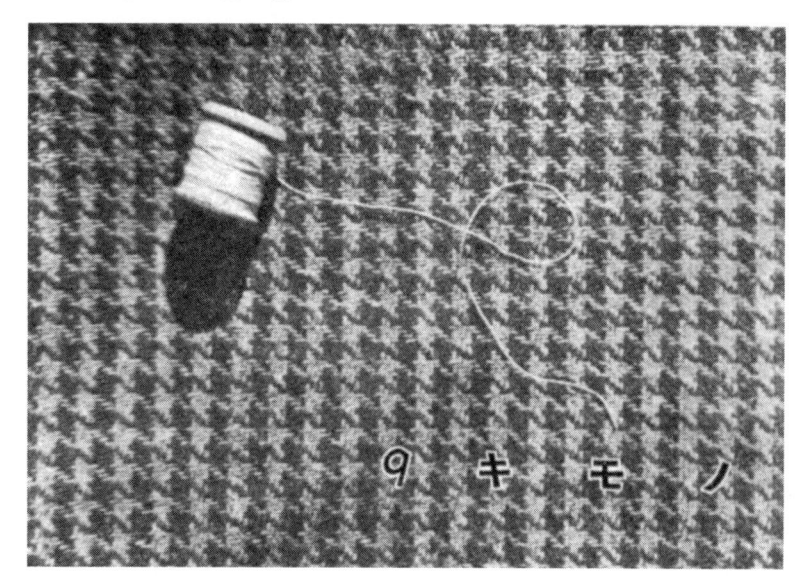

[１] アサのせんい

　夏、刈りとって干しておいたアサの茎からせんい
をとろう。

　○どんなにしてとったらよいか。

　○茎から皮をはがすには、どうすればよいか。

　○皮からせんいをとるには、どうすればよいか。

　とったアサのせんいを調べてみよう。

　○色ツヤ、引張ったときの強さ

　○どんな茎から、よいせんいがとれるか。

○よいせんいをとるには、どんな作り方をしたのがよい

　か。

糸により合わせてみよう。

○引張ったときの強さはどうか。

[2] ワタのつみとり

　ワタの実がさけて、ワタの毛がよく吹き出している
るのをつみとろう。

　どんなにして作ったのに、よく実がついたか、調
べよう。

ワタの毛を種から離そう。

○どんなにしてとればよいか、工夫しよう。

○ワタの毛のよくできたのと、よくできないのとで、種のようすがどんなに違うか、くらべよう。これから、どんなことに気がつくか。

よい種とわるい種とをより分けて、しまっておこう。

糸により合わせて、アサ糸とくらべてみよう。

○引張ったときの強さはどうか。

[研究]

1　いろいろな野生の植物で、丈夫なせんいのとれるものはないか、調べてみよう。

2　アサ・ワタの種から役にたつものはとれないか、調べてみよう。

○油やデンプンはふくまれていないか。

[3] いろいろなせんい

織物はどんなせんいでできているか、調べてみよう。

○どんなところで見わけられるか。

いろいろなせんいの性質を調べてみよう。

1　全体のようす

2　引張ったときの強さ

3　焼いたときのようす

4　いろいろな薬をかけたときのようす

[研究]

いろいろな糸・ヒモ・ナワ・布が、何のせんいで

できているか、調べてみよう。

　○せんいの性質から、使い方や手入れの仕方を考えよう。

［４］夏の着物と冬の着物

　夏の着物から冬の着物にかわると、暖いのはなぜ
だろうか、調べてみよう。

　実験　私たちの夏の着物や冬の着物で、湯のは
いったビンを包んで、湯のさめるようすをみる。

　○着物で包まないビンではどうなるか。

　○包んだものと包まないものとの湯のさめるようすをく
　　らべる。

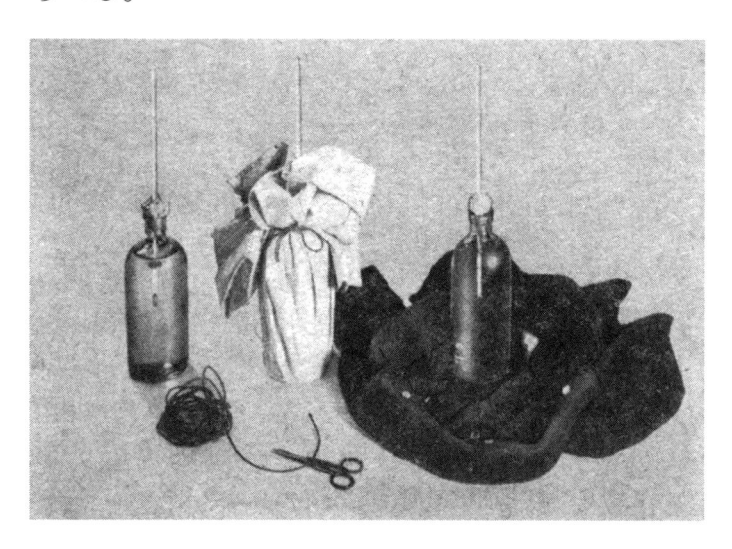

これで、どんなことがわかるか。

上の実験と同じようにして、いろいろなことを研究してみよう。

1　布とビンとの間のすき間が多い時と、少い時とでは、湯のさめるようすが、どんなに違うだろうか。

○ビンの包み方をかたくしたり、ゆるくしたりしてくらべる。

2　水を入れたビンを、夏服の布で包んだものと冬服の布で包んだものとを作り、日なたに置いて、その温まり方をくらべる。

○布の厚さが同じときは、どうか。

○布の厚さが違うときは、どうか。

[5] 虫干し

このごろは、虫干しをする家が多い。

○なぜ、虫干しをするのだろう。

○なぜ、このごろにするのだろう。

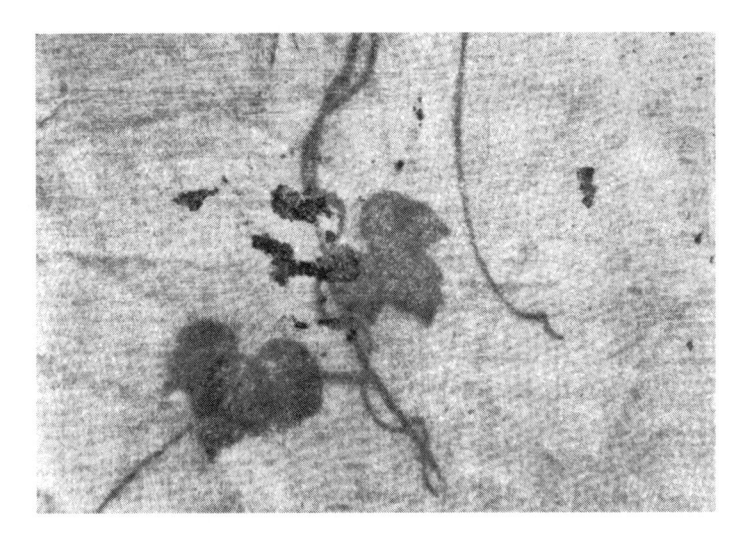

〇どんな物が干してあるか。

　ながくしまっておいた布や皮の物を出して来て、
調べてみよう。
　〇カビや虫のついた物はないか。
　〇どんな物がかびやすいか。
　〇どんな物が虫に食われやすいか。
　〇虫が見つかったら、ビンに入れて、飼っておこう。

　布も皮も入れ物も、よく干そう。
　手入れをして、しまっておこう。
　〇しまう時は、どんなにしているか。

○カビや虫がつかないようにするには、どうすればよいだろうか。

○箱やカンに入れるのは、なぜだろう。

○ショウノウやナフタリンを入れるのは、何のためだろう。

これらの薬のはたらきを調べてみよう。

○前に取った虫と、薬とをいっしょにビンに入れ、よくセンをして、どんなになるか、ためしてみよう。

10　金物

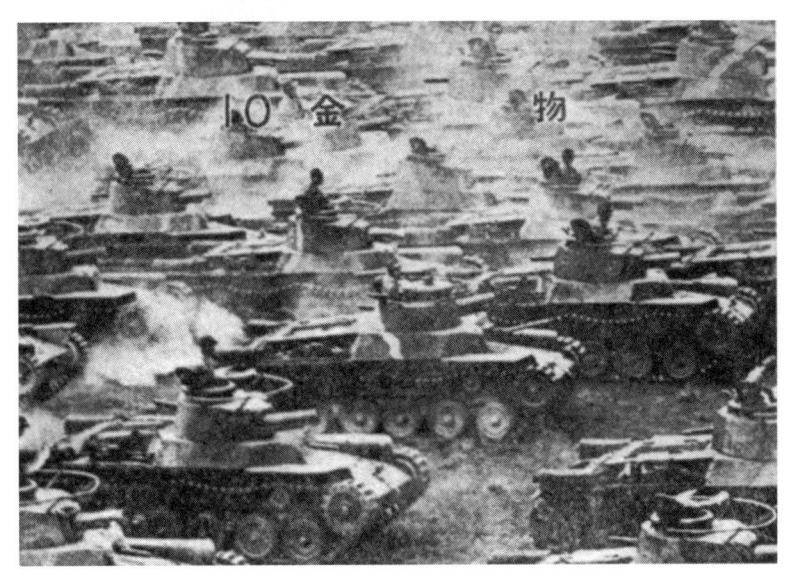

［1］　金物集め

戦争をするには、軍艦・鉄砲・大砲・戦車・飛行機・弾などがいる。これらを作るには、いろいろな種類の金物が必要である。

私たちは、いつも気をつけていて、金物をむだなく使い、少しでも捨てないでおいて役にたてよう。

いらなくなった金物を集めて、学校へ持ちよろう。

○ペン先・針・クギ・ピンのようなこまかなものも集めよう。

○乾電池・電球のように、一部にだけ金物の使ってある

ものも、見落さないで集めよう。

［2］ 金物の研究

集めた金物を種類分けしよう。

○鉄・銅・黄銅（おうどう）・アルミニウム・アルマイト・ブリキ・トタン・鉛・スズ・さびない鋼（はがね）・ニッケル・亜鉛・アンチモンなど、いろいろな金物をより分けよう。

○小刀やヤスリでこすって、サビを落し、サビのない金物の色やツヤを調べてみよう。

○色・ツヤ・かたさ、手に持った重さの感じなどで、同じ種類だと思うものをひとつにまとめてみよう。

○磁石を使って種類を区別できるものはないだろうか。

○同じような色をしていても、熱したとき、とけやすいか、とけにくいかを調べて、区別のできるものはないだろうか。

○そのほか、たたいて、薄く延せる金物はないか、調べてみよう。

古い金物には、さびているものがたくさんにある。

○どんな金物がさ
　びやすいか。
　どんな金物がさ
　びにくいか。

金物はどんな場
合にさびやすいか、研究してみよう。

　実験　数種の金物について、次のような場合にどうなるか、調べてみる。

○しめり気の多いところに置く。

○乾いたところに置く。

○水につける。

○塩水につける。

○酢・塩酸・硫酸につける。

　この実験から、いろいろな金物の性質がどんなに違っているかを考え、使うときに、金物をいためないように気をつけよう。

　塩酸・硫酸につけたときに、とけた金物はどうなったのだろう。

○これらの液を蒸発し
　てみよう。

○どんなものが現れる
　か、気をつけて見よう。

○出て来たいろいろな
　結晶を写生しておく。

　これらの結晶は金物が姿を変えたものだろうか、全く別のものだろうか。

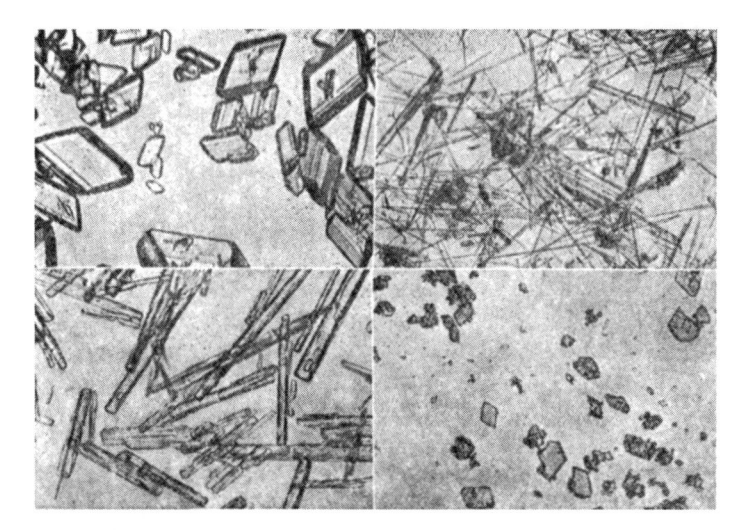

○もし姿を変えたものなら、これらの結晶から金物を取
　り戻すことはできないだろうか。

　銅に硫酸をかけてできた硫酸銅から、銅を取り出
してみよう。

○硫酸銅の結晶を試験管に取り、次の図のように、試験
　管の口を少しさげ
　て、熱してみる。
　どんなになるか。

○これをルツボにう
　つし、炭の粉を交
　ぜて、強く熱して

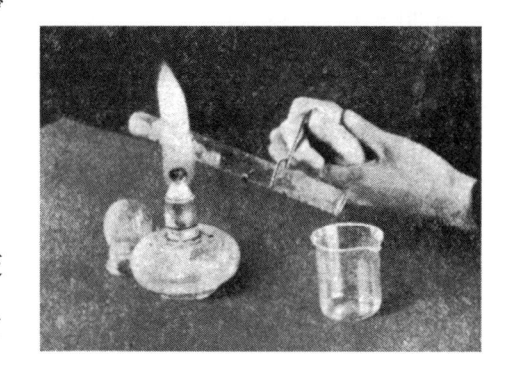

みる。

○どんなになるか、ようすの変化に気をつけよう。

この実験で、どんなことがわかるか。

山からほり出した石の中には、金物をふくんでいそうな物はないだろうか。

○色・ツヤ・形、手に持った重さの感じなどを調べてみよう。

金物をふくんでいそうな石から金物をとってみよう。

○方鉛鉱をルツボに入れて熱してみる。

○どんな金物がとれるだろう。

[研究]

1　サビは金物が姿を変えたものではないだろうか。鉄のサビから、鉄をとり戻すことはできないだろうか。

○工夫して、鉄をとってみよう。

2　黄鉄鉱からどんなものがとれるか、焼いてみ

よう。

　3　いろいろな金物の比重を計ってみよう。

［3］ハンダ作り

ハンダは鉛とスズとをとかし合わせた合金である。

○鉛とスズとの割合をいろいろ変えて、合金の性質を調

　べてみよう。

○できた合金は、もとの鉛やスズと、どんなに違うか。

ハンダができたら、ハンダづけをしてみよう。

11　メッキ

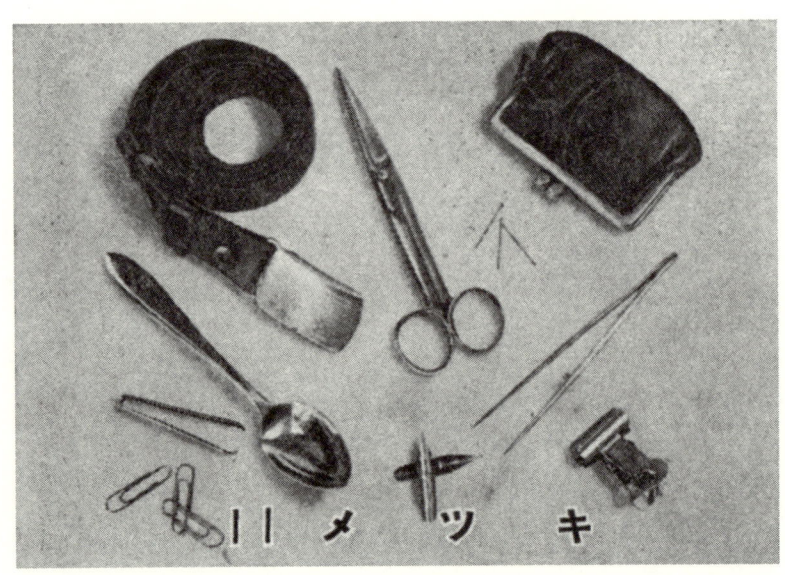

[1] メッキ

金物にはさびやすいものが多い。さびさせないようにするには、どんなにしたらよいだろうか。

○メッキをしたらどうだろう。

鉄のネジクギに銅メッキをしてみよう。

メッキをするには、さびたりよごれたりしていては、うまくできないから、きれいにしよう。

サビを落すには、どうしたらよいか。

○鉄のサビは深くて落しにくい。ネジのところは特に落

しにくい。何かよい工夫はないか。

○キズを取るために、こまかな粉でみがく。

油がついていると、メッキがよくできない。

○油を取るには、どうしたらよいだろう。

　メッキをするには、図のような仕掛をするのである。

　いる品を整えておこう。

○どんな物を整えたらよいか。

電池は使えるかどうか、調べておこう。

○どんなにすればわかるか。

硫酸銅液を作ろう。

○ビーカーに水 $100cm^3$ を入れ、ダイズ粒ぐらいの硫酸銅を二粒とかす。

硫酸銅液は電気を通すだろうか。電気が通らないと、メッキができないから、ためしてみよう。

○どんなにして、ためしたらよいか。

○水は電気を通すだろうか。

準備ができたら、銅板とネジクギとを、次の図のように電池につなぎ、硫酸銅液の中に入れて、メッキをしよう。

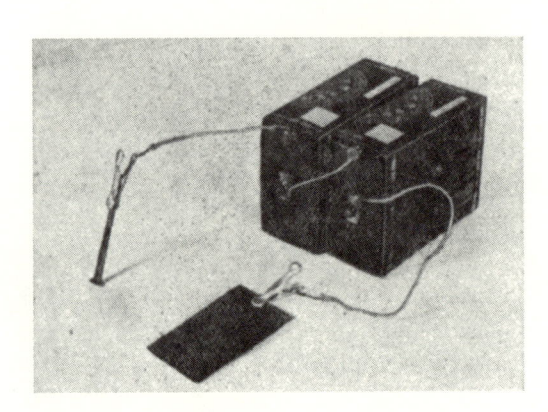

○メッキはできているかどうか、ときどきようすを見よう。

○メッキができたら、とり出してよく水で洗う。

メッキの色やツヤはどうか。

こまかな粉でみがいてみよう。

○アルミニウムのサビや鉄のサビはこまかくてミガキ粉によい。

［2］電池

メッキをするのに使ったような電池は、自分で作れないだろうか。

電池を研究してみよう。

（1）硫酸電池

ビーカーに、うすい硫酸を入れ、これに亜鉛の板と銅の板とを入れて二つの極にすると、電池ができる。

電流が流れるかどうか、調べてみよう。

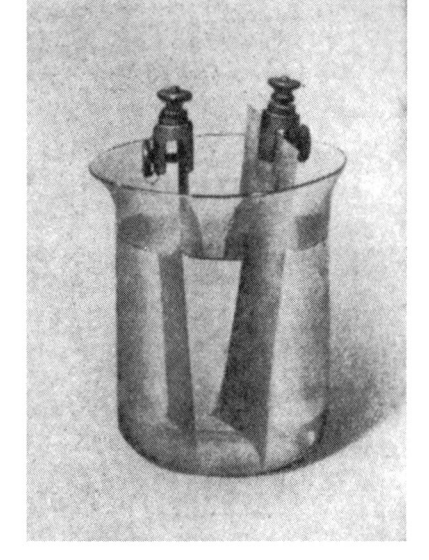

○電線を二つの極につなぎ、その間に豆電球をつないでみる。

　実験中、電球の明かるさや、電池の中のようすに気をつけること。

○銅の板を液からあげてみる。

○また、液に入れてみる。

○銅の板と亜鉛の板との間を、ガラスの板でさえぎって

みる。

○長く電池を使っていると、電球の明かるさはどうなる
　か。亜鉛の板や銅の板はどうなるか。

○銅の板の面をふいてみよう。電球の明かるさはどうな
　るか。

いつまでも、電流が弱くならないような電池にす
るには、どんなところを改良したらよいだろう。

（2）硫酸銅電池

　銅の板によごれの
できない電池はできな
いだろうか。

　素焼の筒に硫酸銅
液を入れ、その中に銅
の板をつけて一つの極
にすると電流は弱くな
らない。

　作り方は図を見て考えよう。

　電池ができたら、電流が流れるかどうか、ためし

てみよう。

　○電燈のついているようすを硫酸電池のときと、くらべ
　　てみよう。

　○銅の板のようすに注意しよう。

電球の明かるさは、もっと強くならないものだろ
うか。

　たくさんの電池の力を合わせたらどうだろう。

　○二つの電池を使ってみよう。

　○どうつないだらよいだろう。いろいろなつなぎ方をし
　　てみよう。

　○どうつないだとき、電球がいちばん明かるくなるか。

　［研究］

　１　使えなくなった乾電池を分解して調べてみよ
う。

　２　私たちの家の電燈は、外から来た電線にどう
つないであるのだろう。

　二つの電球を使って、そのつなぎ方をいろいろ工
夫してみよう。

○つなぎ方によって、電球の明かるさが変ることをたし
　かめよう。

○一つの電球をはずすと、もう一つの電球の光はどうな
　るか。

　私たちの家の電燈のつなぎ方は（イ）の場合だろ
うか、（ロ）の場合だろうか。

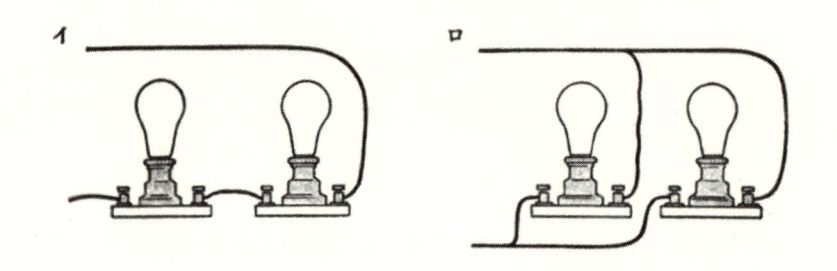

12　電信機と電鈴

[1]　砂鉄取り

砂から砂鉄を取ってみよう。

○どんなにして取ったらよいか。

磁石にくっついた砂鉄はなかなか取りにくい。どんなにしたら、うまくとれるか、工夫してみよう。

　○次の図のようにガラス板をへだてて吸いつける方法はどうだろう。

吸いつける力を、もっと強くすることはできないだろうか。

鉱山では鉄の鉱石をより分けるのに、吸いつける力の強い電磁石を使っている。

電磁石を作ってみよう。

○鉄クギに、糸で包んだ細い銅線を何回も巻いて電磁石を作る。

電磁石ができたら、電池につないで、磁石のかわりに使って、砂鉄を集めてみよう。

○砂鉄はガラス板の上に、どんなに集まるか。

○電流を切ると、砂鉄はどうなるか。

実験1 磁石と電磁石を別々に机の上に置き、その上にガラス板を平にのせ、砂鉄をうすくまき、指先でガラス板のすみを軽くたたく。

○砂鉄の並び方をくらべてみよう。

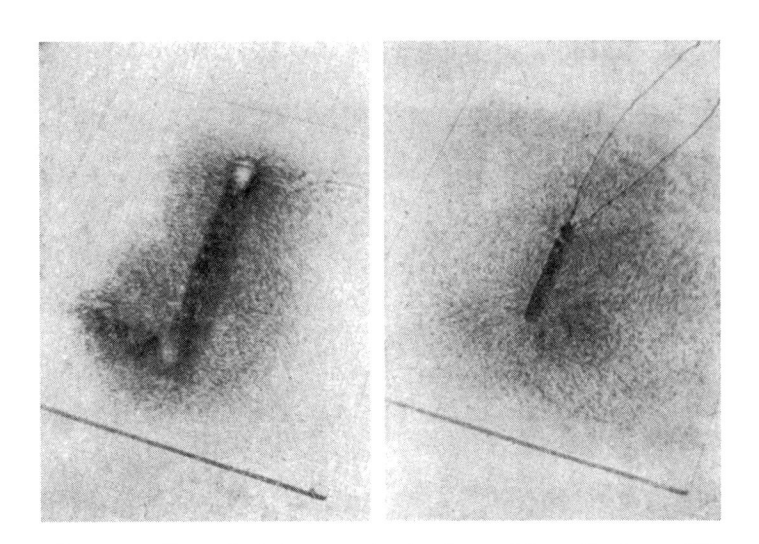

　電磁石は磁石と同じようなものだろうか、調べて
みよう。

　実験２　針磁石を机の上に置いて、どちらを指す
か注意しよう。

　これに磁石を近づけたら、どんな動き方をするだ
ろうか。

　実験３　二つの磁石を使って、磁石の北極・南極
の性質を調べてみよう。

　○針磁石の北極にほかの磁石の北極を近づけると、どう
　　なるか。

○北極に南極を
近づけると、
どうなるか。

実験4 針磁
石に、電磁石の
両端を別々に近
づけてみよう。

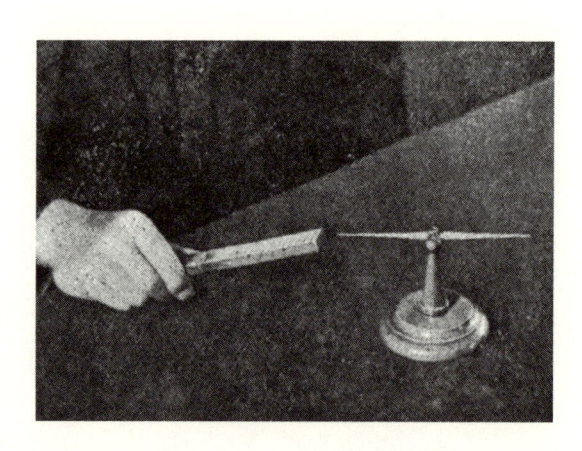

○磁石のときとくらべてみること。

○電磁石と電池とのつなぎ方を変えてみること。

実験5 電磁石の電線の巻き方を変えたり、中ク
ギを抜き取ったりすると、その強さはどうなるか。

これらの実験から、磁石と電磁石について、どん
なことがわかるか。

［2］ 電信機

電信機は電磁石を利用して通信をする機械である。

○電磁石のどんな性質を利用したのだろう。

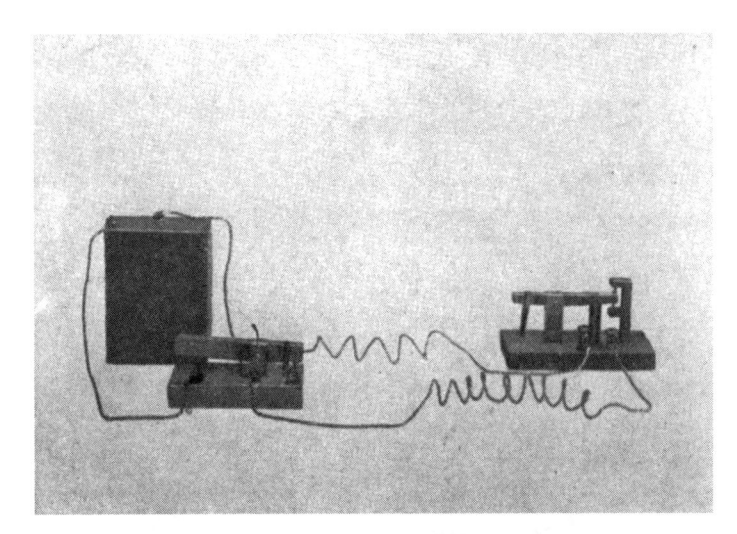

　私たちも電信機を作って通信をしてみよう。

○通信を送るための発信機と、これを受ける受信機とが

　必要である。

　電流を通したり切ったりするには、どんなふうに

したらよいだろうか。

○工夫して作ってみよう。これが発信機になる。

　電流を切ったとき、電磁石から鉄片がすぐ離れる

ようにするには、どうしたらよいだろう。

○鉄片が引かれたり、離れたりするときに、カチカチと

　音がするように工夫して作ろう。これが受信機になる。

発信機・受信機ができたら、電信機を組立てて、通信をしてみよう。

　発信機の押し方が長いか、短いかで受信機の出す音のへだたりが違って来るから、それをいろいろ組合わせて、カナや数字の符号をきめてある。

　電信符号は次の通りである。

イ	・—	ワ	—・—	キ	—・—・・	サ	—・—・—
ロ	・—・—	カ	・—・・	ノ	・・—・	キ	—・—・・
ハ	—・・・	ヨ	—・——	オ	・—・・・	ユ	—・・——
ニ	—・—・	タ	—・	ク	・・・—	メ	—・・・—
ホ	—・・	レ	—・・	ヤ	・—・—	ミ	・・—・・
ヘ	・	ソ	—・・・—	マ	—・・—	シ	——・—・
ト	・・—・・	ツ	・—・・—	ケ	—・——	エ	—・———
チ	・・—・	ネ	—・—・—	フ	——	ヒ	——・・—
リ	—・——	ナ	・—・	コ	————	モ	—・・—・
ヌ	・・・・	ラ	・・・	エ	—・———	セ	・———・
ル	—・・・・—	ム	—	テ	・—・——	ス	———・—
ヲ	・———	ウ	・・—	ア	—・—・—	ン	・—・—・
(゛)゛符号	・・	2	・・———	5	・・・・・	8	———・・
(゜)゜符号	・・——・	3	・・・——	6	—・・・・	9	————・
1	・————	4	・・・・—	7	——・・・	0	—————

［研究］

二本の電線で、たがいに発信・受信ができるような電線のつなぎ方を工夫しよう。また、電線を一本だけにして、通信することはできないだろうか。

［３］電鈴

電磁石を使って鈴をならす仕掛を工夫しよう。

○電磁石で鉄片を引きつけて、鈴を打ってみよう。

○鈴を続けて、速く打つには、どうしたらよいだろう。

電鈴の電磁石と、引かれる鉄片のところとをよく調べて、図にかいてみよう。

電鈴と電池と押しボタンとを電線でつないで、ならしてみよう。電流はどういうふうに通るのだろう。

　一つの電鈴を二箇所からならすには、どうつないだらよいか。

[研究]

　一つの電鈴を多くの室からならすとき、どの室からならしたかを知るには、どうしたらよいか、工夫しよう。

13　電動機

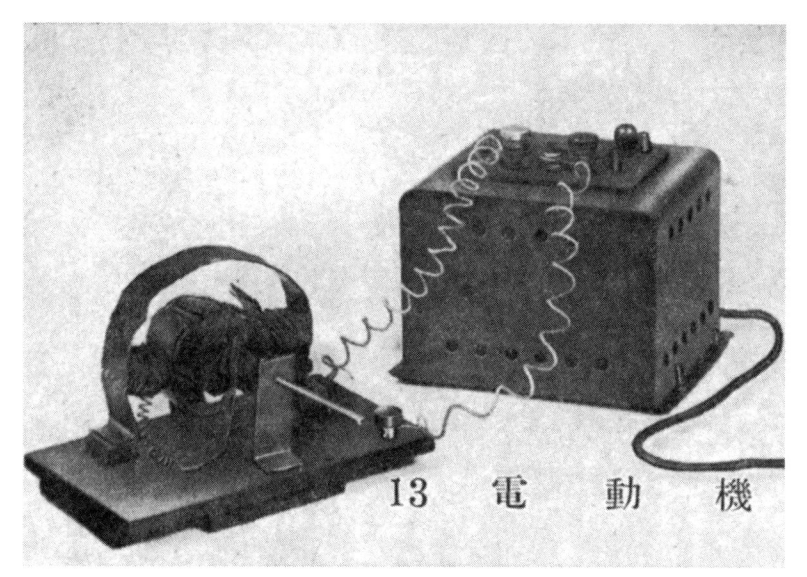

13　電　　動　　機

　電気の力で車をまわすことはできないものだろう
か。

　○二つの磁石を近づけると、どんな動き方をするか。

　○電磁石のときはどうか。

　二本の磁石の間に、電磁石をつるしてその動き方
を調べよう。

　○電磁石は長さ2cmぐらいの鉄クギを数本たばね、こ
　　れに糸で包んだ細い銅線を巻いて作る。

　○電磁石ができたら、まわるように細い銅線でつるす。

○二本の磁石の極は、どのように置けばよいか。

○電流を通して、電磁石の動き方に注意しよう。なぜ、このような動き方をするのだろう。

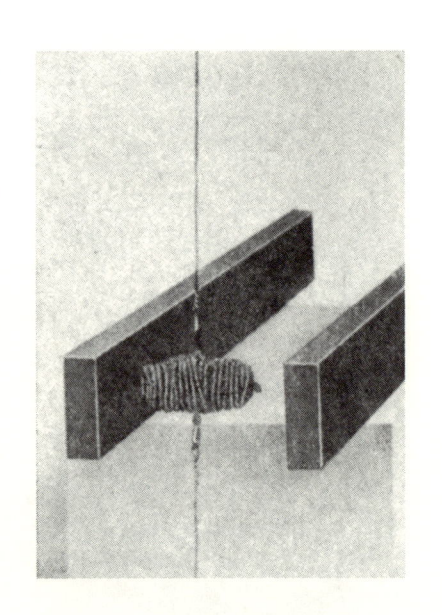

電磁石が楽にまわるようにするには、どうしたらよいか、工夫しよう。

○電磁石に心棒を入れたらどうだろう。

○心棒をささえるには、どうしたらよいか。

○電磁石にたえず電流を通すには、どうしたらよいだろう。

○組立て方は図を見て工夫しよう。

組立てがすんだら、電流を通してみよう。

○どんな動き方をするか。

○なぜ、このような動き方をするのだろう。

○電線の持ち方を変えて、電流の向きを変えてみよう。

続けて、クルクルまわるようにするには、どんなところを改めたらよいだろうか。いろいろ工夫してみよう。

電流の向きが、電磁石の半回転毎に、ひとりでに変わるように工夫しよう。

○電磁石の巻線の両端を、
　図のようにつけかえよう。

○これに電流を通すには、
　どんなにすればよいか。

○できたら、電流を通して
　みよう。どんな動き方を
　するか。

○電流の通る道すじを調べ
　よう。

二本の磁石のかわりに、コの字形の電磁石を使ってみよう。

　○この電磁石を通る電流も、回転する電磁石を通る電流も、一つの流れになるようにするには、どんなつなぎ方をすればよいか。

　電気の力で電磁石がまわるようになったら、心棒の回転で、ほかの機械を動かすには、どんなにしたらよいか考えてみよう。

　電動機はどんなところに利用することができるだろう。どんな点がべんりなのだろうか。

　私たちは工夫して、もっとよくまわる、力のよく出る電動機を作ろう。

　○どこを改めたら、もっとよくなるだろうか。

14　タコと飛行機

［1］タコあげ

タコをあげに行こう。

○どんな日によくあがるだろう。

○電線などにひっかけて、めいわくをかけないようにしよう。

風のあるときは、どんなにしてあげ始めるか。

○風のないときは、どうすればあがるか。

○風がなくても、なぜあがるのだろうか。

糸目のつけようで、あがり方がどんなに変るか、調べてみよう。

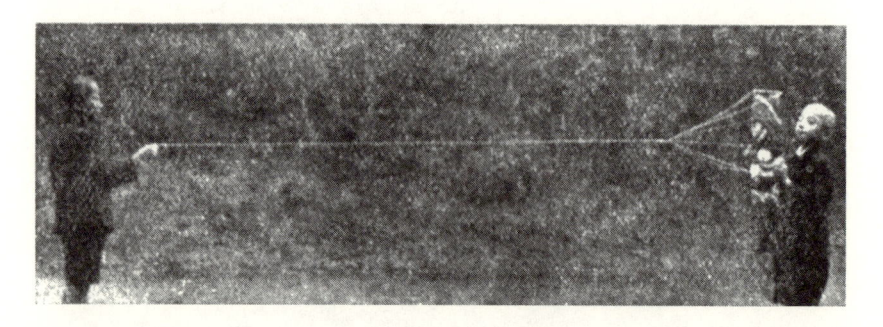

○図のように、タコ糸がタコに垂直になるように糸目を
　つけたときには、どうなるか。

○そのときの手ごたえはどうか。

○図のように、タコ糸がタコに傾くように糸目をつけた
　ときには、どうなるか。

○傾き方をいろいろにかえて、どんな傾きのときよくあ
　がるか、調べてみよう。

空気は水平の方向にタコを押していても、タコは上の方へ動くのは、なぜだろうか。

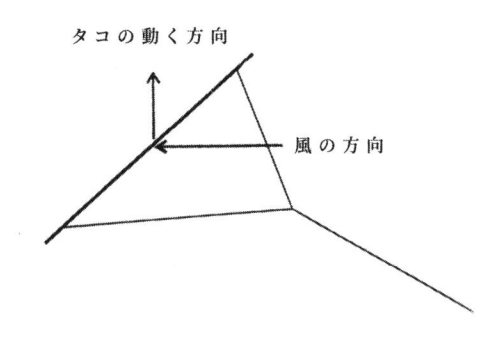

糸目を直して、高くあげてみよう。

○低いところは風が弱くても、高いところは強い風が吹いていることがある。

○タコのあがり具合や手ごたえに気をつけよう。

よくあがっているとき、タコはどんな傾きになっているか。

風が強くなっても、糸をのばさないでいると、タコはどちらへ動いて行くか。

風が強くなったら糸をのばそう。

○タコはどちらへ動いて行くか。

風が弱くなると、タコはどちらへ動いて行くか。

○糸をたぐると、どうなるか。そのわけを考えよう。

タコは空気より重いのに、空高くあがるのは、どんな力がタコに働いているのだろう。

　タコをおろしてみよう。
　〇たぐるときのタコの動き方や、手ごたえに気をつけよう。

　おろしたら、タコを手に持って左右に動かし、空気のあたり具合を調べてみよう。
　〇図のように、タコを水平に持って左右に動かすと、手ごたえはどうか。

　〇図のように、タコを立てて持ち、前後に動かすと、手ごたえはどうか。

表を前にして動かすときと、裏を前にして動かすとき
と、手ごたえはどんなに違うか。

なぜ、手ごたえが違うのだろうか。

[2] グライダー

グライダーをタコのようにあげてから、飛ばして
みよう。

○風向きを見定めてから、飛ばす方向をきめよう。

○どんなにして、あげたらよいか。

○引き糸の手ごたえはどうか。

○グライダーはどんな傾きであがって行くか。

○どこが、タコのような働きをしているか。

○グライダーは、なぜ浮きあがるのだろうか。

グライダーは空高くあがると、引き糸から離れて、トビの舞うように静かに飛んで行く。

飛ぶようすをよく見よう。

○どんな傾きで、すべって行くか。

○上の方へあがることはないか。

グライダーの翼の傾きや位置をかげんして、よく飛ぶようにしよう。

○かげんしたたびに、飛び方がどんなに変ったかに気をつけ、そのわけを考えてみよう。

[3] つばさ

タコやグライダーをあげてみると、空気がタコやグライダーの翼にあたって浮きあがらせていることがわかる。

翼のようなものを作って実験してみよう。

実験 1　図のように、縦 10cm、横 5cm ぐらいの画用紙にあなをあけ、ヨシの茎を二本、紙に垂直に取りつける。針金を茎に通して、鉛直にピンと張り、水平になった画用紙が軽く上下できるようにしておく。

○水平に吹く風を紙にあてると、どうなるか。

○紙を茎に傾けてつけておいて、水平に吹く風をあてると、どうなるか。

○迎角をだんだん大きくして風をあて、紙の動き方を調べよう。

　風の方向と紙との間の角が迎角である。

この実験から翼を浮かす力は、何が出しているか考えよう。

○迎角がどれぐらいのとき、浮かす力が出るか。

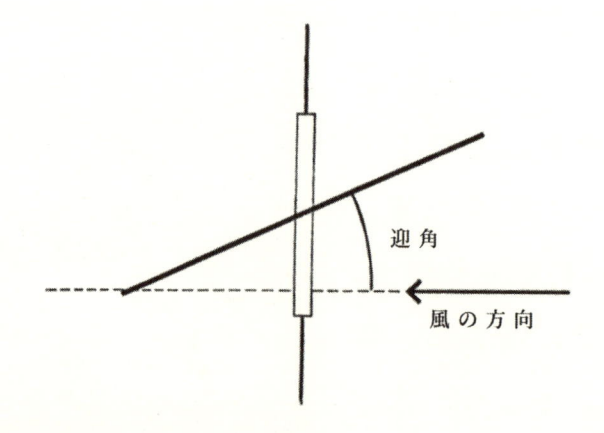

迎角

風の方向

○迎角が90° のときはどうか。

　迎角が0° のときはどうか。

　画用紙を弓なりに曲げておいて、上のような実験をすると、どうなるか。

　グライダーや飛行機の翼には上面が弓なりに曲ったものが多い。

　次のような実験をして、そのわけを考えよう。

実験2

紙を図のように持って、息を吹きつける。

○紙の上側を吹いてみる。

○紙の下側を吹いてみる。

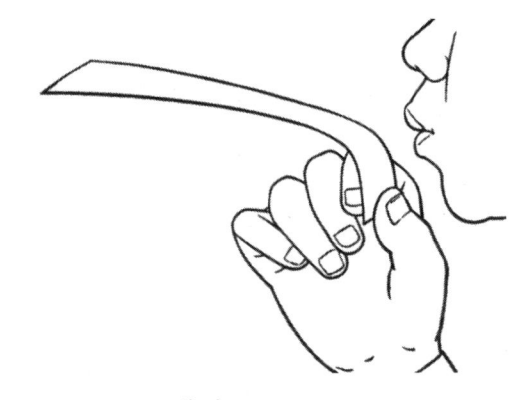

〇紙の先はどんなに動くか。

〇なぜ動くのだろうか。

[研究]

きりふきを吹いたとき、なぜ水があがってくるの
だろうか。

[４] 飛行機

風が翼にあたると、翼は浮きあがる。

風が強くなると、翼を浮かす力も強くなる。風の
ない日でも、空に浮きあがるためには、風を起して
翼にあてる工夫をすればよい。

〇飛行機はどんなにして、翼に風をあてているか。

東京から次の各地まで、約何キロメートルあるか。

（１）新京　　　　　（３）ラングーン

（２）南京　　　　　（４）セイロン島

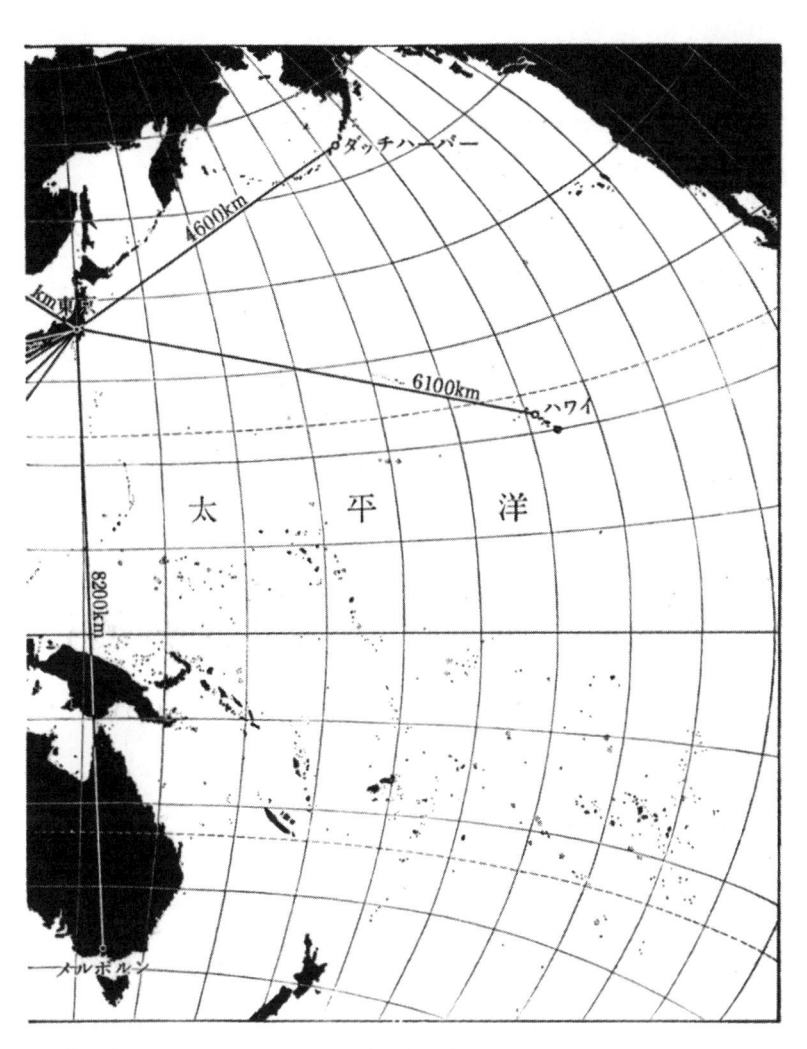

（5）マダガスカル島 （8）メルボルン

（6）昭南 （9）ハワイ

（7）ジャカルタ （10）ダッチハーバー

時速500kmの飛行機で、東京からこれらの各地へ、いっきに飛んで行くとすると、大体何時間で行けるだろうか。

　わが国が大東亜を守り、太平洋を制して行くには、飛行機を使わなければならない。これからは、長く飛びつづけることのできる、速い飛行機が必要である。
　私たちはもっと勉強をして、よい飛行機を工夫しようではないか。

15　私たちの研究

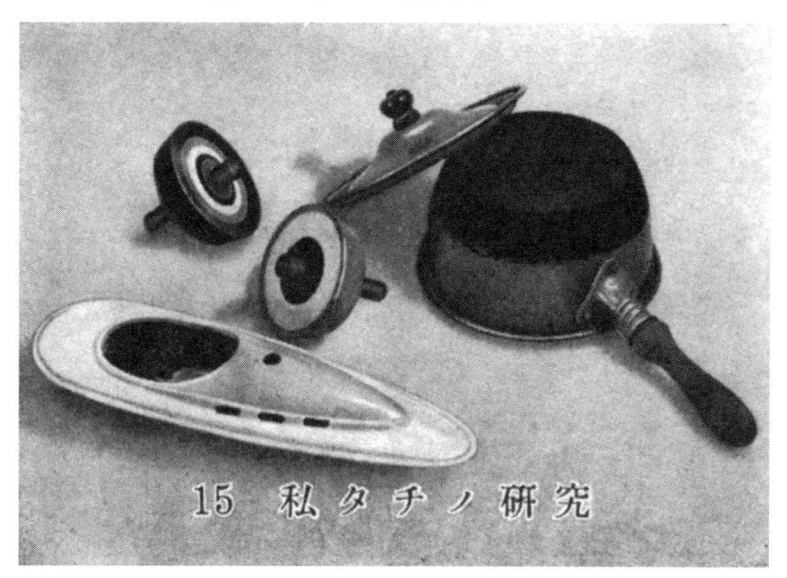

[1] 私たちの研究

今までは、おもにこの本に出ている問題について、理科の勉強をして来た。

これから、五年生の「私たちの研究」でしたように、自分で研究したい問題をきめて、調べてみよう。

研究する問題の例

1　種は何度ぐらいまで温めても、生きていられるだろうか。

2　まわっているコマが、止りかけると首を振り

出すのはなぜだろう。

　3　オモチャのポンポンじょうきはどんな仕掛で走るのだろうか。

　4　空気にも重さがあるだろうか。

　5　ナベ・カマ・ヤカンなどの底が黒く塗ってあるのは、なぜだろうか。

　研究する問題がきまったら、どんなにして調べたらよいかを考えて、先生に聞いていただいてから、研究にとりかかろう。

　この「私たちの研究」は初等科理科の勉強の最後である。しっかり勉強して、初等科修了のよい記念になるようにしよう。

[2] 私たちの夢

　「私たちの研究」ができあがってから、正男・春雄・勇・ゆり子・花子・春枝の六人がめいめいの持っている夢を話し合った。

正男さんの夢

「雲があっても、星が見えるような望遠鏡を作りたい」

ゆり子さんの夢

「海の水にはたくさんの塩がとけている。これを、ざるのようなものでこすと、すぐに塩の結晶が取れるようにしたい」

春雄さんの夢

「海の深いところは、どんなになっているだろう。どんなものがあるだろう。魚がいるだろうか。ぼくは海の底を探検してみたい」

花子さんの夢

「虫のつかないような薬で染めた毛糸を作りたい」

勇さんの夢

「戦艦のように大きな潜水艦を作り、それからたくさんの豆潜航艇を打出し、その潜航艇から水雷を打出すようにしたい」

春枝さんの夢

「磁石は、なぜ鉄を引きつけるのだろう。引きつける金物と引きつけない金物とは、どんなところが違っているのか研究したい」

この六人はそれぞれおもしろい夢を持っている。私たちもいろいろな夢を持っている。どの夢を実現しようと思っても、理科の勉強が大切である。私たちはこれから、もっと理科の勉強をして、国の力を盛にし、国の光をますます世界に輝かそう。

「今こそ、『初等科理科』の理念と精神の復活を」

佐波　優子（戦後問題ジャーナリスト）

理科教育の教育理念とその背景

『初等科理科』は、一九四〇年代の日本における理科教育の基盤を築いた重要な教科書です。この教科書は、国民学校、つまり現代の小学校に相当する学校で、児童が理科を通じて自然との調和を学ぶことを目的としています。

　特に、本書の第四学年から第六学年向けの内容は、児童が日常生活で自然と接し、実体験を通じて科学的な理解を深めるよう設計されており、当時の教育改革の象徴とも言える存在です。本解説では、この教科書の具体的な内容を引用しつつ、その教育理念や特徴を掘り下げていきます。

『初等科理科』では、教育の目的として、「ものごとを正しく見、正しく考へ、正しく扱」うことだとされています。そうすることで、物事を道理に適った見方で見ることができ、それを元として創造的な生活をなし、ひいては将来的に日本全体の発展になると文部省は考えていたからです。

　こうした考えは、昭和十六年四月一日から実施された「国民学校令施行規則」に基づいています。

　明治三十三年から「尋常小学校」と呼ばれていた学校は、昭和十六（一九四一）年四月に「国民学校」となりました。「国民学校」は先の大戦期間中と、敗戦をはさんで昭和二十二（一九四七）年

　三月まで存在していました。

　国民学校は、「初等科」と「高等科」に分かれていましたが、「初等科」の数え方は簡単です。初等科一年生から初等科六年生までは、現在の小学校一年生から六年生にあたります。

　「高等科」は現代とは異なり、高等科一年は、現代の中学校一年、高等科二年は中学校二年、国民学校特修科が中学校三年生にあたります。

　本書はその国民学校にて、理科の授業で使用された教科書です。国民学校の一年生から三年生までは理科の教科書はありませんでしたが、四年生からは『初等科理科』一、五年生は『初等科理科』二、六年生は『初等科理科』三で学びました。四年生から六年生まで、子供達は一学年に一冊ずつ配布されました。

　本書はその三学年分をまとめたものですから、国民学校で子供達が学んでいた理科の授業を一気見できてしまう優れものであります。

　国民学校では、教える教科は五教科に分類されていました。「国民科」では修身・国語・国史・地理があります。ハート出版では各教科書が復刊されており、どれも豊かな心を涵養する素晴らしい内容ですので、ぜひ併せてご覧いただきたいと思います。また「体錬科」では、体操・武道を、「芸能科」では音楽・習字・図画・工作を、女子は裁縫や家事を、高等科では「実業科」が加わり、農業・工業・商業・水産の中から１科目を選択して学んでいました。本書の科目である理科は、算数と理科を合わせて「理数科」としてまとめられていました。

『初等科理科』に流れる「合理創造の精神」

本書『初等科理科』は、当時の学校令である「國民學校令施行規則」に沿って指導要領が組まれています。

規則第七條を見ると、「理数科」という科目は、この世の中の様々なものごとや現象を、しっかり見て、正しく考えて、処理をする能力を培うことを目的としていることが分かります。それは、私たちが正しく考えたり日々生活していく上で大事なことであると文部省は考えていました。そうした考えは「合理創造の精神」とも呼ばれました。ものごとの正しい見方や考え方が身につくと、ものごとの「すじみち」や「ことわり」を見出すことができ、更に新しいものごとを創造しようという心が啓発されます。そうすればものごとの道理が分かり、生活そのものが創造力溢れ、豊かな考えになります。それはひいては国全体の発展にも繋がっていくのです。

何よりも現代の私達が着目しなければならないのは、この「合理創造の精神」を養う教育の根底に国体の精神の涵養があり、しかもその国体の精神は、何一つ「合理創造の精神」の涵養と矛盾していないということです。いや、むしろこうしたしっかりとした柱があればこそ、理数科という理知的・合理的な思考の育成を目指す教科であっても、より重層的な深い教育が行われているように思うのです。

ハート出版が記した本書『初等科理科』の概要（351 頁）では次のように書かれています。「それ以前の理科教科書は無味乾燥な図鑑的知識の羅列であったが、それが本教科書によって革命的

に変化した。栽培や飼育、工作などの具体的な作業が中心となり、『しらべてみなさい』『どうしてでしょう』と児童に問いかけ、考えさせるものとなっている。答えは児童が導き出すものであり、教科書にほとんど答えは書かれていない」と。『初等科理科』を通読して、誰しもがまず驚くのはまさにそのことです。この教科書にはほとんど答えが書かれていないのです。『初等科理科』では、課題を与え、問いかけを行い、子供達が自分で答えを探す構成で書かれています。私は、この教科書が使われた当時の光景に想像を巡らせてみました。

　この問いかけの答えを探そうと、子供達は様々な創意工夫を行います。その中で工作が器用な子、不器用な子、自然の中から課題の動植物を見つけだすのが得意な子、対象物の写生がとても正確で周囲を驚かす子供も出てくるでしょう。更には、教科書内の課題だけでは飽き足らず、更に創意工夫して独自の遊び方を見出すことが得意な子もいるかもしれません。きっと、友達の家から家へ「糸電話」をつなげてみたいと挑戦する子もいたのでしょうね。

　子供達は課題に取り組む中、設問の答えを探すだけではなく、「自分自身」についても答えを見つけていたのかもしれません。工作が器用な子は、日本一の飛行機を作りたいと将来の夢を馳せ、スケッチのうまい子は芸術家や研究者を夢見、ある子は地政学に、ある子は電磁気学に、あるいは農業でも物理でも、「こうすればもっとよくなるかも」と、実験や遊びを通して目を輝かせていた姿が浮かんでくるのです。

　さらに温かな想像を付け加えます。きっと身近なこうした教科書の課題の答えは、お父さん・お母さん、おじいちゃんやおばあ

ちゃん、また近所に住むおじさん、おばさん達がよく知っていたことでしょう。

「なぜ種籾から浮いたものを取り除かなければならないのか」、この教科書の課題の答えを探すために祖母の手伝いをして、手早く正確に不純物を取り除くおばあちゃんの手際のよさに感嘆している子供の姿。あるいは学校で学んだ理論を祖父に話し、「そんな理屈は知らねっけど、昔っからこうやってきたんだ」と実演してもらい驚いている子供の姿。近所のおばさんの家に飼育されている動物を観察しに行った子供もいるでしょう。そのような体験を通して、子供達は年配者から、日本それぞれの地域や家庭に長く伝わってきた「伝統の知恵」の奥深さを感じたことでしょう。そうして子供達には、年長者への尊敬や地域とのつながりが培われてきた。そんな想像を膨らませながら、この「初等科理科」を読み進めていました。私の想像が決してあり得ない妄想ではないことは、この教科書を手にして頂いた方には実感していただけると思います。

　何より私が感心したのは、文部省のこうした考えが、ただ物事を理解させたり覚えさせるために理科の授業を行っていたのではないということが分かったからです。本書『初等科理科』の教師用の副読本には、理科の教育のことを、「まことの心に基づかなくてはならない」と書かれています。単に合理的、理性的に学ぶのではなく、子供達の情味豊かな、且つ熱意の籠った精神も培い、他の教科で学んだ知識や技能と深く連携させたいと考えていたのです。

　実際に教師用副読本では、理科の教科書に出てくる名称や法則

に関して、「単なる知識として注入せられるのであっては、殆ど役に立たない」と断じています。既成の知識を絶対的なものとして暗記させるだけでは子供達の想像力が身につきません。むしろ、日常生活の中で、季節に沿って自然を観察したり、動物や植物を育てたり、実際に手を動かして物を作ったり、実験をして目で測ったりなどの、視覚・聴覚・触覚・味覚・嗅覚等の感覚を大事にすることが、初等科理科の教育における重要なことでした。教師用副読本に「結局は、その効果が生活の上に現れるようにならなくてはならない。日常生活の実践指導に最善の努力を払うべきである」とある通り、それは学校の勉強というよりも、子供達が家の手伝いをしたり、大人になって働いたり家事をする中で一生物として使える総合的な人間力を育むものでした。

　さらに『初等科理科』が目指したのは、「科学は自然を征服するためではなく、自然と和するためのもの」という教育理念でした。これは、日本の伝統的な自然観を反映したものであり、自然と共に生きるということを基盤に据えた教育方針が示されています。この理念のもとで、教科書では以下五つの指導目標が掲げられています。

『初等科理科』が目指した五つの指導目標

　ここからは、実際の教科書の内容に照らし合わせながら、五つの指導目標について見ていきたいと思います。

一、理科は自然を征服するためのものではないという考え

理科は、自然を征服するのが任務であるかのように考えられがちです。しかし理科とは、人間が自然を意のままに出来るという考えかたではなく、自然に親しみ、自然を愛好し、自然と和する心が必要だとの理念で教育がなされています。もちろん人間は自然に手を加えて活用してはいますが、それはどこまでも、自然と和して自然をよりよく生かす心に基づかなくてはならない、そうでなければ理科の知識は真に身についたものとはならない、と指導目標は強調しています。

　実際の教科書を見てみると、一年を通じて四季の美しさを教え、私達が自然の中で生かされていることを実感させてくれます。第四学年「春の天気」（98頁）では、どういう点で春が来たのを感じられるか児童達に問いかけます。山や川や空の天気といった大きなものに目を向けさせ、足元の草や木や魚や虫の様子がどうであるか問いかけます。また、運動場に棒を立ててその影を地面に写しとる実験を行い、太陽ののぼった高さを測りながら、子供達は「春分の日」は、太陽は真東から出て、真西へ入ることや昼と夜との長さが同じであることを学びます。そして春季皇霊祭は春分の日に行われることや、春分の日を中にして、前三日と後三日との七日間が「春の彼岸」であることを学び、ご先祖様達が季節と共にどのような暮らしをしてきたかについて、知識と生活を結びつけることができるのです。

　他にも第五学年の「夏の天気」（136頁）では夏の夜空を見て北極星の位置で方位の判断方法を学び、「秋の天気」（162頁）では広大な秋の空を眺めると共に秋分の日や秋季皇霊祭や秋の彼岸について教わり、「冬の天気」（198頁）では、昼のいちばん短い冬

至の日や、寒さの厳しさを学びます。

　季節や自然というものは、移り変わりや美しさ楽しむためだけのものではなく、時には深刻な災害や厳しい環境を日本人にもたらしてきました。児童たちは授業を通じて、人間が自然を意のままに出来るわけではないことを知り、自然に対して畏敬や畏怖の念を持つようになります。これは日本が古来から森羅万象を神々として敬い畏れてもきた悠久の歴史に連なることになるのです。

二、自然の偉大さを知り、自然から厚い恩恵を受けていることを実感する

　授業を通して自然に接し、学びを積み立てていくと、自然界には様々な関係性があることが分かってきます。自分が毎日食事をしたり快適な温度の中で暮らせたりするのも、全て自然と深い関係があるとわかると、今まで当たり前だと思っていた毎日の事象も、自然の偉大さや恩恵の厚さとして実感することができるのです。

　第六学年「山と水」（219頁）は、第六学年の女子児童が山まで調査に行った報告文という形で書かれています。山には木々があり、小さな谷川があり、ゆくゆくは下流に住む私達に水をはじめとした恩恵を与えてくれる存在であることが実感できます。一見自分の暮らしとは関係がないように思える広大な範囲の自然の中で、私達は偉大な自然の恩恵を受けているということを知ることができます。

　第五学年「甘酒とアルコール」（204頁）もちょっと変わっていて面白い内容です。どの家でも起こっていたのでしょうが、お正

月の餅にカビが生えてしまうことを取り上げています。児童達は餅を調べ、どんなカビがどんな部分に生えたか、なぜ生えやすいのかを調べますが、一方で、カビを悪者だけにすることはしていません。面白いのは、児童達が調べた餅のカビを、今度は米に混ぜさせ、麹を作るのです。そして甘酒が出来上がります。甘酒を飲んで楽しんだら、残った甘酒を試験管に入れて沸かし、アルコールを抽出させる実験まで行うのです。現代社会では、餅にカビが生えたら捨ててしまう家庭も多いでしょう。しかしこうした教育を通して、児童達はカビ一つ取っても、沢山の役割を持ち、人間にとって様々な恩恵があることを総合的に学習していくことができます。

三、植物の栽培や動物の飼育を通して、生き物を慈しむ心を育てる

　自然に親しみ、自然から学ぶために、指導目標では植物の栽培や動物の飼育をすすめています。子供達が自分で栽培や飼育をすれば、その植物や動物に愛着を感じ、枯れさせてしまったりしないように多くの注意を払うからです。

　こうした教育方針は、単に動植物を可愛がるだけのものではなく、農業を営むための基礎と考えられました。子供達が農業の仕事を体験することは、食べ物が育っていく過程を実感し、食べ物を生命として慈しむことにも繋がります。こうした心を持って農作業を行えば、生産された農作物の真の価値がわかり、より大切に、食材として使用し食べ物として頂くという態度が生じて来ます。このことを教師用副読本には「このような心は、農業の根本精神であるばかりでなく、すべてのものをよりよく生かそうとす

る豊かな我が国民精神の一つの相である」とまで書いてあるのです。これはもう、理科の授業というよりも、人間の生き方そのものの教育なのではないでしょうか。

『初等科理科』で一番初めに出てくるのが第四学年の「イモの植え付け」（8頁）です。児童達は実際に畑でジャガイモやサツマイモを植える作業を行います。ここで教科書は、「畠にジャガイモやサツマイモをつくりましょう」「芽はどこから出るか、しらべてみなさい」「細い根がついているかどうか、よくしらべましょう」といった問いかけを行い、児童に主体的な観察を促します。このように、自らの手で作業し、観察することを通じて、児童は植物の成長や生命の営みを身近に感じることができます。

　第四学年の「モミまき」（20頁）と「田植」（36頁）の単元では、児童が稲の栽培を通じて日本の農業の基礎を学びます。「米はいちばん大切なたべ物です。モミをまいて稲を育てましょう」との文章を皮切りに、早速お米の栽培をしていきます。「種モミは水にひたしておくと、苗代にまいてから、早く芽を出します」といった説明と共に、「モミを水にひたしたとき、浮いたのは取りのけなくてはなりません。それはどういうわけでしょうか」といった問いかけがなされます。秋になり「とり入れ」（69頁）で、稲が色づいて穂が垂れたころ、お米の実りを調べます。さらに穂がもとまで黄色になったころ、いよいよ稲を刈りとり、その後稲こきをします。「とれたゲンマイは、まず、神様に供えましょう」との文章と共に、児童達の稲作も終わります。こうして児童達は、実際の農作業を通じて、自然の循環や稲作の基本的な知識を身につけていくのです。

第四学年の「兎のせわ」（12頁）、第五学年の「鶏のせわ」（104頁）では、兎や鶏を育てることで児童に動物を慈しむ心を教えます。「兎の重さはどれくらいあるでしょうか」「どうしてはかればよいでしょうか」といった具体的な問いかけにより、児童は兎の体重を量り、その成長を観察する過程で、兎が健康に育つための環境を整える重要性を学びます。また鶏の飼育の中で、「鶏小屋や、そのまわりをきれいにしよう」「飲み水や、浴びる砂をとりかえよう」といった世話の方法を学びます。このような体験は、自分より小さきものを守るという念を養う上で非常に重要なことです。

　第四学年の「渡り鳥」（82頁）では、児童が季節ごとに姿を変える鳥たちの観察を通じて、生物の移動や生態系の変化を学びます。教科書は、「このごろ、どんな鳥がよく目につきますか」「春や夏にはいたのに、このごろ見かけない鳥はありませんか」といった問いかけを行い、児童に季節と共に移り変わる鳥の種類やその行動を観察させます。第五学年「花とミツバチ」（113頁）もそうですが、こうした観察を通じて、児童は自然界の循環や生物の適応について深く理解することができます。

　第四学年の「クモ」（43頁）では、児童がクモの生活を観察し、理解を深めるための具体的な問いかけが行われています。「クモの糸を手にとってみましょう」「ねばり気がありますか」「のびちぢみしますか」といった問いかけにより、児童はクモの糸の特性を自らの手で確かめ、その性質を理解します。このように、教科書は児童に対して考える機会を提供し、その過程を通じて科学的な思考力を育てます。

　現代、昆虫に触ることができない子供達が増えていることは、

しばしば新聞などでも報じられます。子供用のノート「ジャポニカ学習帳」は、昆虫の写真の表紙で有名でしたが、子供達が気持ち悪がったり、怖がったりするとの声が寄せられ、平成二十四年から植物の写真を載せたシリーズだけになっていたことがありました。令和二年には文具メーカー「ショウワノート」が発売五十周年を機に再び昆虫の写真を表紙に使った「ジャポニカ学習帳」の販売を始めたことが話題になりました。

　私はこうした子供達の昆虫嫌いに胸を痛めている一人でありますが、この教科書が教えているように、子供時代から様々な生き物を観察し、手で触れ、家で飼ったりすることにより、小さな生き物への好奇心や慈しみが生まれるのではないかと考えています。

四、科学技能を学び、それを日常の生活に実際に使えるようにする

　『初等科理科』では、沢山の実験が出てきます。機械や実験器具を実際に触り、手を動かして観察していくことは、子供達の大きな学びと経験になっていきます。

　実験の道具に関しては、各地域・学校によっては満足に道具を揃えられないところもあったでしょうが、そのような場合には、教師が出来るだけ工夫して、これらのものの不足を克服するよう努めなくてはならないとの注意書きが添えられていました。しかし、道具がないので別のもので代替するというところからも、先生と生徒の共同作業としての創意工夫が培われました。副読本にある「殊に、国防上からいつて、国民のこの技能を修練して置くことは、一刻もゆるがせに出来ないところである」という一文は、この『初等科理科』が発行された時が昭和十七年の戦時中であっ

たことを実感させられるものですが、涵養された創意工夫や応用力、身の周りのものを即座に代用できる能力は、問題解決能力として、人間が生きていく上で欠かせないものです。

　第四学年の「コンロと湯わかし」（92頁）では、コンロを使って湯を沸かす実験が行われます。「火おこしえんとつはどんなはたらきをするでしょうか」「炭の間をすかしておくと火がよくおこるのは、どういうわけでしょうか」といった問いかけにより、児童は熱の伝わり方や燃焼の仕組みを理解します。このように、家庭での日常的な作業を通じて科学的な原理を学ぶことで、理科の学習が児童の生活に密接に結びつくよう工夫されています。

　第四学年の「でんわ遊び」（51頁）では、児童が糸電話を作り、その原理を理解することが求められます。「糸を張ったり、たるませたりして、話してみる」「糸をなるべく長くしてみる」といった活動を通じて、児童は音の伝わり方を自ら実験し、理解を深めていきます。ここでも、教科書は児童に試行錯誤の場を提供し、創意工夫の態度を育てることを目指しています。

　第六学年の「金物」（287頁）「電信機と電鈴」（301頁）「電動機」（309頁）あたりは、もう大人顔負けの高度な内容です。電磁石を利用して通信をする機械である電信機を実際に作って通信を行い、電磁石を使って鈴をならす仕掛を作成します。「電気の力で車をまわすことはできないものだろうか」の問いかけに、二本の磁石の間に、電磁石をつるしてその動き方を調べるなど、とても現代の小学生にあたる児童達が行なっているとは思えない内容です。だからこそ、この時期の教育は後述する様々な理化学の分野にて活躍する人々を輩出できたのでしょう。

　四つ目の指導目標では「人体生理」も重要視していることが分かります。人の体に関する事項を取扱うことにより、子供達は保健衛生の知識も習得していくことができます。

　例えば第四学年の「うがい水」（77頁）では、かぜをひいてのどが痛いときに、シオ水やホウサン水を作りうがいをすることを学びます。「シオをいちどにたくさん入れてもよいでしょうか」「はやくとかすには、どうしたらよいでしょうか」といった問いかけを通じて、児童は溶解度の概念を実感しながら、人体と薬品との関わり学びます。また、この実験は衛生習慣と科学的知識を結びつける教育としても非常に有効あると同時に、豊富に薬などが手に入らない際にはどんなもので代替できるのかという生き抜く知恵を身につけることもできるのです。

五、物事の発見や創造の喜びを感じさせる

　指導目標では、創造の精神を涵養することは理科の根本目的の一つであり、理科の指導では忘れてはならない事項であると明言しています。「生物愛育の念も、天地の化育創造に参ずる喜びに基づく。日常生活を秩序正しくし、これを発展させるのも、つまりは新たな生活の創造に外ならない。科学の発展の道は創造の道である。創造することに喜びを感ずる心を養うことは、理科指導の積極的な最大の要諦である。発見・創造は、その場その場の思いつきで出來るものではない。うまずたゆまず努め、失敗してはその経験に省み、新な工夫考案をするのでなくては成功を期し得ない。このような持久的態度を養うことに努むべきである」と。壮大な言葉ではありますが、私はここに、理科教育の真髄を見た

思いがしました。

　それを達成するために、第五学年「私たちの研究」（212頁）では、児童達に自分で調べたい問題を考えさせます。問題の例は、種が芽を出す温度や木琴の音、ゴムマリの空気密度、梅干の防腐効果など様々なものがあり、子供達は調査に勤しみます。

　第六学年の最後も、同じく「私たちの研究」という題名がついています。「私たちの夢」という小見出しでは、六学年の児童六人がそれぞれの夢を話し合う場面があります。

　ある男児は「雲があっても、星が見えるような望遠鏡を作りたい」と言い、女児は「海の水にはたくさんの塩がとけている。これを、ざるのようなものでこすと、すぐに塩の結晶が取れるようにしたい」などとそれぞれの目標を語ります。五学年の時は、それぞれの興味があることを調査していた児童達が、今度はその調査を元に、目標を見つけているのです。

　教科書は「この六人はそれぞれおもしろい夢を持っている。私たちもいろいろな夢を持っている。どの夢を実現しようと思っても、理科の勉強が大切である。私たちはこれから、もっと理科の勉強をして、国の力を盛にし、国の光をますます世界に輝かそう」という言葉で締められています。

　現代の日本社会でも様々な社会問題がありますが、すべての社会問題に共通していることは、その問題がなぜ起こっているかを調査する必要があるということです。日本は、国家という大きな単位から自治体、各地域など様々な問題が山積しています。私は今の時代の子供達にこそ、『初等科理科』の精神を学び、日本のために、地域や家族や個人のために役立てて欲しいと思っています。

理工系で活躍する人々の輩出に関わった理科教育

　本書の編集に深く関わっておられる和中光次氏は、大変重要な
調査を行なっています。日本人の理工系のノーベル賞受賞者がど
の世代に多いかを調査したところ、昭和十年代生まれが一番多
かったというのです。明治生まれが二人、大正生まれは四人、昭
和一桁生まれは四人、昭和十年代生まれは八人、昭和二十年代生
まれは三人、昭和三十年代生まれは四人という結果でした。本書
『初等科理科』で学び、その後物理や化学、医学など様々な分野
で活躍された方は大勢います。

　しかし現代の日本では、「理科嫌い」「理科離れ」という言葉が
浸透しています。すでに平成八年の国立教育研究所の調査でも、
「理科好きは、学年進行に伴って減少し、特に高等学校になって
から理科嫌いの傾向が現れる」という報告がなされています。同
じ頃、平成六年に国際教育到達度評価学会が実施した第三回国際
数学・理科教育調査の中学校分の結果が発表されましたが、「理
科好きな生徒の割合、科学的な職業に就きたいと希望する生徒の
割合、理科が生活の中で重要であると思っている生徒の割合は、
調査国の中で最も低い」という結果でした。この傾向は今でも変
わらず、新聞記事でも「理科離れ」などの言葉は見出しにもなり、
私達日本社会に深刻な問題を投げかけています。

　生徒や学生達は、理科、後に高校生から「化学」や「物理」な
どに分類されるこれらの科目を、「暗記が苦手」「計算ができない」
「物質の名称や方程式が覚えられない」などの理由で敬遠してい
ます。確かに私自身、高校時代に物理の難しい方程式に頭を悩ま

せ、授業や試験に手こずった記憶はあります。また、生徒達にとって、「方程式を暗記したところで、社会に出たらもう使うことはない」という声もあります。しかしそれこそ、『初等科理科』の編纂陣達が、児童達にただ知識を詰め込み、暗記をさせるのは良くないと恐れたものでした。

物理や生物、化学などを含む総合的な「理科」は、決して暗記科目でもなく、社会に出てからは使わないものでもありません。『初等科理科』に流れる「理科」教育の精神は、身の回りのものに目を向け、生きているものを慈しみ、自然を使わせていただくという感謝の気持ちを持つ、総合的な日本人としての生きる力を育む、人間としての生き方の哲学だったのです。

今こそ、『初等科理科』の理念と精神の復活を

現代の理科教育においても、『初等科理科』に見られるような、実体験を通じた学びや日常生活と結びついた教育をしっかり取り戻していく必要があります。現代でも児童が実際に手を動かし、考え、学びの過程で試行錯誤することの重要性は強調されています。『初等科理科』が示した教育方法は、こうした現代の教育理念と一致しており、今なおその価値を失っていません。自然との調和を重視し、児童が実体験を通じて学び、問題解決力を養うことを目的としたこの教科書は、現代においてこそ、その意義が必要で、改めてその価値が再評価されるべきものです。

『初等科理科』が示した自然との共生、主体的な学び、そして実体験を重視する教育は、今後の教育のあり方を考える上で貴重な

手がかりとなります。この教科書の理念を現代にどう適用し、発展させていくかが、持続可能な社会の実現や次世代の教育にとって重要な課題となるでしょう。

　この復刻版『初等科理科』の教育的価値が再確認され、現代の教育を立て直す重要な柱となることを願います。本書を読んだ大人の皆さんは、是非この本を子供達に贈ってください。それによって子供達は「理科」の知識を身につけるだけではなく、古来続いてきた日本の先人達の「生きる力」を取り戻すことができます。それは戦後失われてきた日本人の「大きな底力」を蘇らせることになります。そしてゆくゆくは、悠久の歴史に連なっていく私達の子孫達が、未来の豊かな日本で生きていけることにつながっていくのです。

　今こそ、『初等科理科』の理念と精神の復活を！

日本人（日本出身で受賞時外国籍含む）のノーベル賞（理系）受賞者の一覧

明治生まれ（二人）		
【物理学賞】	湯川 秀樹（ゆかわ ひでき）	明治40（1907）年1月23日
	朝永 振一郎（ともなが しんいちろう）	明治39（1906）年3月31日
大正生まれ（四人）		
【物理学賞】	南部 陽一郎（なんぶ よういちろう）	大正10（1921）年1月18日
	江崎 玲於奈（えさき れおな）	大正14（1925）年3月12日
	小柴 昌俊（こしば まさとし）	大正15（1926）年9月19日
【化学賞】	福井 謙一（ふくい けんいち）	大正7（1918）年10月4日
昭和一桁生まれ（四人）		
【物理学賞】	赤﨑 勇（あかさき いさむ）	昭和4（1929）年1月30日
	眞鍋 淑郎（まなべ しゅくろう）	昭和6（1931）年9月21日
【化学賞】	下村 脩（しもむら おさむ）	昭和3（1928）年8月27日
	鈴木 章（すずき あきら）	昭和5（1930）年9月12日
昭和十年代生まれ（八人）		
【物理学賞】	益川 敏英（ますかわ としひで）	昭和15（1940）年2月7日
	小林 誠（こばやし まこと）	昭和19（1944）年4月7日
【化学賞】	根岸 英一（ねぎし えいいち）	昭和10（1935）年7月14日
	白川 英樹（しらかわ ひでき）	昭和11（1936）年8月20日
	野依 良治（のより りょうじ）	昭和13（1938）年9月3日

【生理学・医学賞】	大村 智（おおむら さとし）	昭和 10（1935）年 7 月 12 日
	利根川 進（とねがわ すすむ）	昭和 14（1939）年 9 月 5 日
	本庶 佑（ほんじょ たすく）	昭和 17（1942）年 1 月 27 日
昭和二十年代生まれ（三人）		
【物理学賞】	中村 修二（なかむら しゅうじ）	昭和 29（1954）年 5 月 22 日
【化学賞】	吉野 彰（よしの あきら）	昭和 23（1948）年 1 月 30 日
【生理学・医学賞】	大隅 良典（おおすみ よしのり）	昭和 20（1945）年 2 月 9 日
昭和三十年代生まれ（四人）		
【物理学賞】	梶田 隆章（かじた たかあき）	昭和 34（1959）年 3 月 9 日
	天野 浩（あまの ひろし）	昭和 35（1960）年 9 月 11 日
【化学賞】	田中 耕一（たなか こういち）	昭和 34（1959）年 8 月 3 日
【生理学・医学賞】	山中 伸弥（やまなか しんや）	昭和 37（1962）年 9 月 4 日

昭和十八年一月九日　文部省檢査濟

昭和十七年十二月二十六日　印　　　刷
昭和十七年十二月二十八日　發　　　行
昭和十七年十二月二十八日　翻　刻　印　刷
昭和十八年　三　月二十八日　翻　刻　發　行

初等科理科 二

新 定價金貳拾參錢

著作權所有　著作兼　文　部　省
　　　　　　發行者

東京市小石川區久堅町百八番地 33

翻刻發行
兼印刷者　日本書籍株式會社
代表者　大　橋　光　吉

東京市小石川區久堅町百八番地

印刷所　日本書籍株式會社工場

發行所　日本書籍株式會社

『初等科理科』について

本書は戦時中の理科の授業で使用された教科書、国民学校『初等科理科』一〜三（四〜六学年用）の合本である。この授業の基本理念は、科学は自然を征服するためのものではなく、自然と和するためのものである、というもので、日本人的な自然観が根底にあった。その指導目標は「自然に親しみ自然から直接学ぶ態度を養う」「動植物を育てることで生命愛育の念を育む」「玩具等の工作を通じて創意工夫の態度を養う」などである。

それ以前の理科教科書は無味乾燥な図鑑的知識の羅列であったが、それが本教科書によって革命的に変化した。栽培や飼育、工作などの具体的な作業が中心となり、「しらべてみなさい」「どうしてでしょう」と児童に問いかけ、考えさせるものとなっている。答えは児童が導き出すものであり、教科書にほとんど答えは書かれていない。

自ら工夫して発見し、製作し、解決したという経験は、児童に喜びをもたらし、次の解決・発見・創造を求める原動力となる。そのような自己成長の芽を育むことが、初等科理科の狙いであった。

終戦後、この教科書は他の教科書と同様一部墨塗が行われたが、軍国主義的な記述は限定的で、占領下の暫定教科書もほぼそのままの内容で発行された。このような大変革がなされた『初等科理科』は、戦後の理科教育の土台となり、科学技術立国日本の礎となる画期的なものであった。

編集協力：和中光次

［復刻版］初等科理科

令和6年9月18日　　第1刷発行

著　者　　文部省
発行者　　日高　裕明
発　行　　株式会社ハート出版

〒171-0014 東京都豊島区池袋 3-9-23
TEL03-3590-6077 FAX03-3590-6078
ハート出版ホームページ　https://www.810.co.jp

Printed in Japan　ISBN978-4-8024-0184-5　C 0021
印刷・製本 中央精版印刷株式会社